언스토
퍼블

언스토퍼블

초 판 1쇄 2023년 06월 16일

지은이 김태환
펴낸이 류종렬

펴낸곳 미다스북스
본부장 임종익
편집장 이다경
책임진행 김가영, 신은서, 박유진, 윤가희, 정보미

등록 2001년 3월 21일 제2001-000040호
주소 서울시 마포구 양화로 133 서교타워 711호
전화 02) 322-7802~3
팩스 02) 6007-1845
블로그 http://blog.naver.com/midasbooks
전자주소 midasbooks@hanmail.net
페이스북 https://www.facebook.com/midasbooks425
인스타그램 https://www.instagram/midasbooks

© 김태환, 미다스북스 2023, *Printed in Korea*.

ISBN 979-11-6910-259-9 03190

값 **17,000원**

미다스북스는 다음세대에게 필요한 지혜와 교양을 생각합니다.

김태환 지음

언스토퍼블

미다스북스

위기를 성공으로 바꾸는 끊임없는 도전의 힘

UNSTOPPABLE

프롤로그

책을 펼쳐 프롤로그를 보신다면 부담 없이 읽어도 좋을 만한 아주 쉽고 단순한 책이다.

내가 지금 여기 서 있는 이유는 나는 아주 사소하고 미미한 공기와 같은 존재일 뿐이기 때문이다. 오늘은 자신감으로 똘똘 뭉쳐 즐겁고 행복한 하루를 보낸다. 하지만 다음날 침대를 나서면 그놈의 자신감은 온데간데없고 찾아볼 수가 없다. 풀이 죽어 기분도 별로다. 마음의 흐름이다.

기분이 좋을 땐 내 탓, 손해를 본다거나 일이 안 풀리면 남 탓, 환경 탓, 탓이란 것은 다 가져다 붙인다. 내가 잘 되도 남 탓이요. 남이 잘 되도 남 탓이다. 나보다 남의 심정을 더 알아보고 챙겨주는 것이 우리가 살아가는 이유가 되어야 한다.

사람에게 행복을 전하는 것이 얼마나 행복하고 즐거운 일인지 마음을 베풀어 본 사람은 그 기쁨을 알 것이고 계속해서 베푼다는 것이다.

사람 '人' 사람 인의 한자를 보면 서로를 부둥켜안고 있는 형상이다. 사람은 서로가 받쳐주고, 등을 기대며 살아가야 하는 존재다. 혼자서는 올곧게 설 수 없고 살아갈 수 없다.

옛일은 중요하지 않다. 후회해도 소용없고 원망해도 물 건너간 상황이다. 그렇다면 우리가 지금 해야 할 것은 자신을 알아가야 한다는 것이다. 강인한 자아를 만들고 잠재력을 잘 활용할 수 있는 훈련과 연습 그리고 공부해야 한다. 벌써 힘들고 골치 아프다 생각할 수 있겠지만 예상외로 인간은 불평을 늘어놓으면서 시작한다는 것이다. 여기서 잠깐, 불평이란 단어 자체를 생각 말고 뱉지 마라. 처음에 바로 듣는 사람이 본인 자신이다.

'지속력' 목표가 생겨서 일을 추진할 때 첫 삽을 잘 뜰 수 있으나 지속적으로 꾸준한 마음의 상태를 유지하면서 실행하는 것은 쉽지 않다. 인간의 감정은 오랫동안 지속되지 않는다. 문제는 호르몬이다. 딸, 자식이 일류대학교를 합격해도 며칠이 지나면 즐거움은 서서히 사라진다. 그 짧은 순간의 성취감으로 모든 것을 얻을 수 있는 것이 아니라는 것을 알아야 한다. 남들이 잘 되고, 보기 좋아 보이고, 행복해 보이더라도 절대 부러워 마라. 앞에서 얘기했던 것처럼 즐거움은 잠깐이다. 돌아서 집으로 가면 그 집의 속사정은 아무도 모른다는 것이다.

나보다 잘 나갈 수도 있고, 나보다 못 나갈 수도 있다. 세상에 영원한 것은 없다. 지속력은 감정의 컨트롤이 중요하다. 마인드 컨트롤이 얼마나 잘 되느냐가 답이다. 그러려면 안정된 기분을 유지하는 방법을 알아야 할 것이다. 가장 안정된 상태는 잠이 든 상태일 것이다. 그런 상태를 유지하는 방법은 명상이다. 나는 명상 전문가는 아니지만 명상을 하면서 편안한 심신의 상태를 느껴보았기 때문에 권유하는 것이다. 그리고 독서한다. 아주 고요한 감정의 흐름을 느낄 수 있을 것이고 습관이 된다면 감정 컨트롤을 어렵지 않게 할 수 있을 것이다.

인간의 심리는 주고 나면 받기를 기대하고, 사촌이 땅 사면 배가 아프고, 돌아서면 흉을 보고, 나보다 못하면 갑질하고, 자기 자식은 올바르게 나무라지 않아 세상 무서운지 모르게 만들어 사람값 못하게 만들고, 항상 남들과 비교하고 시기와 질투가 끊이지 않는다.

"뭉치면 살고 흩어지면 죽는다."라는 말은 대한민국 사람이라면 한 번쯤 들어보았을 것이다. 참 안타까운 것은 뭉쳤다가도 금세 자신의 뜻과 맞지 않으면 배척하고 원수로 돌아선다. 일이 잘되면 우후죽순으로 물불을 가리지 않고 상대방을 밟으려고 한다. 너무나 예의 없고, 양심 없는 일들이 팽배하는 대한민국이다.

마치 양은 냄비처럼 쉽게 끓고 쉽게 식어버리는 상황들이 정치, 사회, 경제, 모든 분야에서 만연하다. 개개인의 마인드가 그렇다. 짧은 시간에 급속히 발전한 대한민국, 땅값이 갑자기 천정부지로 올라 알부자가 되고 준비와 생각 없이 너무나 많은 것을 갑작스럽게 얻었기에 마치 세상을 다 가진 듯, 내가 최고인 것처럼 마인드와 허영심 자만심으로 둘러싸여 주위를 돌아볼 생각도 하지 않는다.

인간이라면 인간 됨됨이에 대한 생각과 자세를 갖추려고 끊임없이 노력해야 한다. 편안함은 나를 육체적으로 점점 병들게 만들고 이기적인 생각과 행동은 점점 자신의 마음을 폐허로 만들 것이다. 그래도 훌륭한 국민은 많다. 기부하고 재난이 생기면 손발을 걷어붙여 단숨에 달려가는 분들, 불의를 보면 바로 잡으려는 시민들… 아직 따뜻한 마음을 가진 사람들이 너무나 많은 것이 다행스럽고 희망이 있는 것이다.

건강한 가족이 만들어지려면 화목하게 서로의 아픔은 나누고, 칭찬과 격려, 자연스러운 대화, 존경과 존중하는 가족이 되어야 할 것이다. 건강한 가족이란 나 스스로가 건강하고 건전한 육체와 정신을 가지지 않고는 만들 수가 없다. 나아가서 가족이 불행하면 국가도 바로 설 수 없을 것이다.

인구절벽, 고령화 시대, 핵가족 시대 현실적으로 체감하고 있는 것들은 정서적인 문제와 경제적인 문제에 대한 상황들이 많이 연출되고 있는 현실이다. 우리에게 일자리가 없다면 정신적으로 힘들 것이다. 인간의 능력을 고스란히 가져가 만들어지는 인공지능로봇, 심지어 인간의 심리까지도 수많은 데이터 알고리즘으로 상담과 방법을 제시하고 있는 현실이다. 하지만 인간의 정서와 따뜻한 정은 전할 수 없다.

급속히 변해가는 현실에 인간은 무엇을 중점적으로 해야 할 것인지 스스로가 고민을 하고 사회적인 시스템과 프로그램을 다양하게 만들어야 할 것이다. 지금부터 우리는 가치 있고, 강한 정신과 튼튼한 육체를 만드는 것에 집중을 해야 할 것이다. 지금의 시대를 능가하는 인간으로 성장하기 위해서 독서와 운동은 세끼 밥 먹듯 해야 한다.

인간의 뇌는 무한한 우주보다도 더 클 수 있다는 것이다. 인간은 지배당하는 존재가 아니라 지배하는 존재의 유전자를 가지고 있기에 어떤 상황이 일어나도 극복할 수 있는 능력을 발휘할 것이다.

남의 눈치를 본다는 것은 노예로 살고 싶다는 말과 같다. 그렇다고 거만을 떨거나, 자만에 빠지거나 잘난 척을 하라는 것은 아니다. 자신을 어떻게 대하고 존중하느냐 하는 문제다. 인간은 신비롭고 소중한 생명체이다. 어떤 누구보다도 잠재력이 넘쳐나고 고귀한 존재는 자신이다. 이런 자신의 인생을 남 눈치 보느라 시간 낭비하지 마라. 그리고 울타리를 만들지 마라. 더욱더 자신을 인정하고 진심을 다해 자신을 표현해야 한다. 울타리를 벗어나지 못하면 넓은 세상을 보지 못한 채 세상을 떠나야 할 것이다. 울타리는 그냥 울타리일 뿐이다. 다리를 걸쳐 넘어갈 수 있고 몸을 낮추어 기어서 지나갈 수도 있다. 평온한 상태를 유지하고 겁먹지 말고 두려움은 던져 버리고 과감하게 울타리를 넘어야 한다. 울타리를 넘는다고 해서 큰일이 일어나지 않는다. 노예가 될 것이냐 주인이 될 것이냐 인생을 힘들게 살 것이냐 즐겁고 여유롭게 살 것이냐는 울타리를 넘는 것에 있다는 것을 명심해야 할 것이다.

주위를 봐라. 부러워하는 사람은 다들 울타리를 넘은 사람이고, 어떤 누구도 울타리에 대한 선입견은 있지만 넘고 나면 울타리는 그냥 문지방에 불가하다. 쓸데없는 생각은 집어치우고 일단 그냥 웃으면서 실행하라. 어떤 사고와 행동을 하느냐에 따라 경험하지 못한 일들을 만들 수 있는 사람이 된다는 것이다.

우리 삶은 어떻게 전개될지 아무도 모른다. 다만 내가 꿈꾸는 방향이 나의 길이 될 것이다. 마음에 들지 않는 꿈은 바꿔도 된다. 지금 당장 말보다 몸으로 보여줘라. 감정에 솔직하고 자신의 느낌을 믿어라. 믿는 것이 모든 시작의 근원이 된다. 희망을 필요로 하는 단 한 사람에게라도 용기와 에너지로 전달되었으면 한다.

2장

지금 아니면 할 수 없다

5장
나는 이대로의 내가 좋다

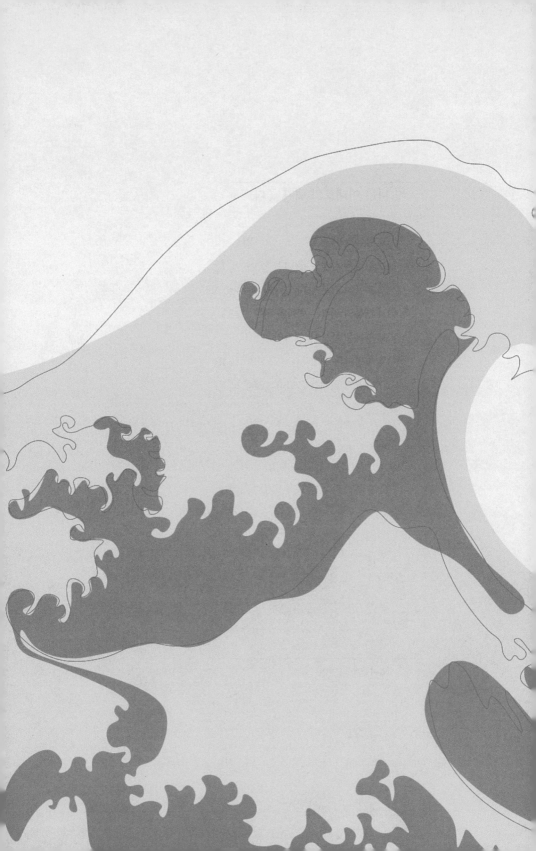

인간은 끊임없이 진화하고 있고 세상은 비밀을 아는 사람들에 의해서 만들어지고 그들은 선점했다. 비밀을 이해 못 한 사람은 그들을 쫓아가는 노예가 될 뿐이다.

UNSTOPPABLE

1장

내가 오늘
살아 있는
이유

01 나의 어린 시절

지금의 세상은 너무나 힘든 시기다. 팬데믹, 러시아 우크라이나전쟁, 금리 인상, 인플레이션 물가 상승 등 서민들은 살아가기 너무 힘든 시절이다. 인간은 우주의 크기로 따지면 아주 미미한 존재다. 지구에서 일어나는 모든 부정의 일들은 인간의 생각과 창의력이 만들어 낸 것들의 부작용일 수도 있다. 하지만 인간은 만물의 영장이다. 상상을 현실로 만드는 탁월한 생명체다. 반드시 위기는 극복되고 또 반복된다.

나는 시골 아주 작은 면 소재지 마을에서 태어났다. 마늘과 사과, 고추가 특산품으로 유명한 곳이다. 흔히 깡촌이라고 할 정도로 시골이다. 어린 시절에는 대가족이었다. 증조모, 조부모님, 부모님, 4남매, 그리고 일가친척들이 함께 집성촌을 이루고 살았다. 그러다가 4살 되던 해에 읍내로 이사를 하게 되었다.

아버지는 장남이었지만, 농사가 아닌 다른 직업을 갖기 위해 읍내로 이사를 하게 되었다. 아무것도 없이 소위 말해서 숟가락, 밥그릇조차도 없이 겨우 단칸방 하나 구해서 나왔다. 거의 쫓기듯 도망치듯 이사를 하게 되었다. 4남매 중에 나는 막내였고 어리다 보니 부모님과 함께 읍내로 이사하게 되었다. 이사 온 집은 텅 빈 방뿐이었다. 가재도구도 이불도 없었고 어떻게 살지 계획도 없이 나온 거 같았다. 아버지는 술을 좋아하시다 보니 간간이 동네 사람들, 함께 일하는 동료들과 싸우게 되었다. 심지어 거지랑 싸우고 왔는데 옷이 다 찢어지고 보기가 흉할 정도였다. 술을 너무 과하게 드시면 밖에서 싸움을 하고, 집에 오면 어머니에게 폭력을 썼다. 읍내에 나와서 하루가 멀다고 그런 모습을 볼 수 있었다. 어린 나이에도 어머니가 안쓰럽고 불쌍해 보였다. 절대 나는 저렇게 살지 않을 것이라고 맹세하고 또 했다. 어머니는 여자의 몸으로 벽돌공장 막일, 연탄공장 배달, 논밭 과수원 잡일 등… 무일푼으로 이사를 나왔기에 닥치는 대로 일을 하셨다. 그렇게 번 돈으로 가재도구를 하나하나 사서 갖추어 나갔다. 어머니는 밝고 긍정적이셨기에 항상 동료나 이웃 사람들이 어머니를 많이 따르고, 음식을 함께 만들어 나눠 먹으며 항상 웃음이 넘쳐나는 모습을 보았다.

아버지의 주사와 폭력, 어머니의 밝고 긍정적이면서 사교적인 모습…
이렇게 상반된 상황에서 즐거움과 불안함을 동시에 느낄 수 있었다. 어
머니는 성냥공장에도 다니셨는데 집에서도 부업으로 종이상자 접기, 핀
꽂기 등 옛날 다방에 가면 볼 수 있는 직사각형의 성냥 각을 집에서 부업
으로 했다. 성냥의 모양은 작고 얇은 나무 끝에 화약이 묻혀 있다. 그때
당시 내가 5학년쯤 부엌 하나에 방이 2개인 셋방에 살았었다. 학교에 다
녀오면 양쪽 방에서 형이랑 성냥 넣기 부업을 하곤 했다. 어찌 보면 안
방, 작은방은 화약고였다. 어느 날 오후 성냥 넣기 부업을 하던 중 잠깐
졸았다. 그런데 이게 무슨 일인가? 성냥이 긁히는 부분에 마찰이 생겨
순식간에 쓰-싹-프-팍 하는 소리와 함께 불이 박스 전체에 옮겨 붙었
고 나는 졸린 상태로 머리를 박스에 처박고 있는 상태였다. 큰 박스 안에
는 성냥각 250개가 소박스로 이루어져 있다.

퍽~~ 하면서 순식간에 작은방 전체에 불길이 옮겨 붙었다. 밖에서 불
이야 하는 소리를 들었는데 어느새 나는 누군가의 손에 이끌려 방을 탈출
할 수 있었다. 형이 "불이야!" 하는 소리를 듣고 달려 나와서 나를 끌어당
겨 내고 본인은 다시 방으로 들어가서 불을 껐다. 옆집 할머니는 바가지에
물을 담아 퍼부어 댔다. 다행히도 큰 불이 아니고 사그라드는 작은 불 이

어서 불길을 빨리 잡을 수 있었다. 나는 머리를 온통 다 그을려 먹고, 얼굴에는 화상을 입게 되었다. 아직도 우측 관자놀이는 흉터가 남아 있다.

그날 저녁 어머니는 퇴근을 해서 불이 난 상황을 보고 빗자루를 들고 나를 혼내기 시작했다. 일생일대 단 한 번의 꾸지람이었다. 학창시절 부모님께 꾸지람을 들은 적은 없었다. 왜냐하면 가난한 가정환경에 아버지의 주사와 폭력성은 우리 형제들을 긴장하게 했고, 그러다 보니 문제를 일으키지 않기 위해 나를 비롯해 형제들은 본인의 일을 다 알아서 미리 척척했다. 퇴근한 아버지는 집에 불이 난 걸 보고 역시 어머니에게 폭력을 썼다. 위로와 걱정은 없었다. 불이 났지만 사람은 온전하고 집만 조금 그을린 상태로 보였으니 어머니, 아버지도 서로 화가 많이 났었던 걸로 기억된다.

일주일 후면 소풍 가는 날인데 상황이 이래서 갈 수 없게 되어 슬펐다. 초등학교 5학년 때는 학급에서 인기가 좀 있었던 거 같다. 이달의 인기상도 받고 소풍 가서 노래도 하려고 무선마이크까지 준비했는데 모든 게 허사로 돌아가 우울했다. 친구들이 내 소식을 듣고 병문안을 왔다. 걱정과 안타까워하는 표정이었다. 그을린 머리카락을 짧게 깎고, 얼굴에 화상을 입은 상황이라 처음에는 의기소침했지만 친구들 보고 웃으니 금세 나아지는 것 같았다. 하지만 트라우마가 생긴 것 같다. 화상 자국으로 가끔은 친구들 앞에 나서는 걸 싫어하고 외모에 대한 부끄러움을 느껴 소극적인 자세가 생기게 된 것 같다.

그 이후 아버지의 주사는 더 심했다. 아버지는 술 취한 상태에서 퇴근하면 어머니가 일하는 성냥공장으로 찾아간다. 딱히 이유도 없다. 어머니가 표적이다. 일터에서까지 동료들 앞에서 폭력을 가했다. 누군가 말리면 같이 싸운다. 자주 이런 일이 생기다 보니 한번은 술 취한 아버지가 공장으로 찾아온다는 소리에 어머니는 공장 내에 큰 박스 안에 들어가 몰래 숨어 있었다. 동료들은 모른 척 아버지를 집으로 돌려보내곤 했다. 아버지는 술 깬 다음날이면 너무나도 다른 사람이 되어 버린다. 꿀 먹은 벙어리 마냥 순한 양이 된다. 하지만 다음날이 되면 하루가 멀다고 싸우니 셋방 사는 처지에 주인집에서 쫓겨난 일이 한두 번이 아니었다. 그래서 이사를 많이 하게 되었다. 초본을 떼어보면 주소 이전 기록이 두세 면을 꽉 채운다.

아버지는 싸우고, 살림을 부쉈다. 유리나 사기그릇은 죄다 깨져서 없고 남은 거라곤 플라스틱 그릇과 우그러진 양은그릇뿐이었다. 우리의 삶은 항상 불안한 상태였다. 아버지는 친구가 없었다. 술이 친구였고, 술이 용기를 줬고, 술이 인생을 어렵게 만들었다. 아버지의 모습을 본 사람이라면 친구 하기를 꺼리게 되어 있다. 부모는 자식의 거울이라 했는데 난 부모의 이런 모습을 보고 자랐다. 술을 좋아했고, 욱하고 급했다. 사람을 좋아하고 긍정적이고 잘 베풀고 사교적인 스타일이었다. 초등학교 시절 열악한 환경이라 학원은 꿈도 못 꿨지만 친구들과 교우관계는 원만하고 항상 즐겁게 잘 지내고 두각을 나타냈다. 지금은 무엇을 하고 있는지 궁금하고 찾아보고도 싶은 친구가 있다. 재섭이란 친구로 인해서 나는 태권도를 배우게 되었다. 성냥공장에서 힘들게 하루 벌이를 하는 어머니께 떼를 쓰고 해서 태권도장을 다닐 수 있도록 허락받았다.

완전 신났다! 너무너무 감사하고 세상을 다 얻은 듯했다. 태권도장에 가서 도복을 입고 흰 띠를 매고 기본동작을 배우고, 발차기를 배웠다. 시간이 좀 흘러서 빨간 띠가 되었을 때는 검은 띠보다도 겨루기에서 두각을 나타내게 되었고, 초등학교가 3곳 뿐인 읍내에서 텃세 부리는 친구에게 당하기도 했다. 검은 띠면 대장 노릇을 하고 그런다.

시간이 지나 고등학교 때 태권도 선수로 경북대회 입상을 하고 군대가서 조교와 사단, 군단 대회까지 나가게 되었고 미국 4개 주 태권도 시범단으로 활동했다. 가난하고 힘든 어린 시절이지만 긍정적이고 적극적인 사고로 늘 웃음을 잃지 않고, 행복하게 살고 싶다는 마음은 항상 내 안에 자리하고 있었다. 어머니는 늘 예의 바르게 인사 잘하셨고, 어려운 사람들을 베풀고, 이웃 사람들과 어울려 즐겁게 웃으면서 살아가는 모습을 보여주셨다.

내 안에 긍정과 잠재력은 끊임없이 샘솟는 샘물과 같아서 항상 즐거움과 좋은 일들이 끊임없이 만들어지는 것을 믿고 있다.

"웃으면 복도 오고 돈도 와요."

02 따뜻한 긍정의 온도

입춘이 3일 지났다. 느낌은 온전한 봄의 기운을 체감한다. 햇빛은 너무나 포근하고 바람마저 따뜻하다. 아직 2월인데 예년에 비해 춥지가 않다. 날씨라는 것이 이렇게 사람의 마음을 따뜻하게 하니 너무나 감사한 일이다. 자연은 인간에게 많은 것을 주고 많은 것을 빼앗아 간다. 날씨는 인간에게 감성을 느낄 수 있도록 진동과 주파수를 보내고 사람은 에너지를 받아 행복한 기분을 만끽할 수 있는 것 같다. 햇빛은 땅에 있는 식물에게 따뜻함을 주고 또한 사람은 사람에게 따뜻함을 줄 수 있다는 걸 느낀다.

어릴 때는 잘 몰랐는데 나이가 들어 40대 후반이 되고서야 고마움이 따뜻함으로 다가왔다. 좋은 생각을 하고 진정성 있게 마음을 전한다면 상대방은 친절함과 따뜻함을 느낌과 동시에 감사하는 마음과 고마움을 다시 되돌려 줄 것이다.

이런 생각을 해보았다. 어릴 적 동요 가사 중에 "지구는 둥그니까 자꾸 걸어 나가면 온 세상 어린이를 다 만나고 오겠지." 지구는 둥글다. 내가 좋은 마음이든 나쁜 마음이든 전하면 상대방은 다시 나에게로 돌려주거나 또 다른 사람에게 베푼다. 그래서 돌고 도는 것이 아닐까? 봄, 여름, 가을, 겨울은 반드시 돌아온다. 하루에 한 바퀴 지구는 자전하고 일 년에 한 바퀴 태양 주위를 돈다. 우주의 모든 것은 둥글다. 그러므로 출발하면 다시 제자리로 돌아 오게 된다.

"인과응보"라는 말이 있다. 과거 우리가 행했던 말과 행동이 현재에 와서 행과 불행으로 나타난다. 시작을 잘하면 좋은 결과는 현재로 다시 돌아온다는 원리이다. 비가 오는 어느 날, 아파트 앞을 나와 주차장으로 가는 길에 한 손엔 우산을 다른 한 손은 쓰레기 봉지를 들고 다리를 절며 불안한 걸음으로 분리수거장으로 가는 어르신을 보게 되었다. 나는 한걸음에 들고 계신 쓰레기 봉지를 받아 대신 버렸다. 어르신을 다시 집 앞으로 모셔드렸는데 얼마 전 뇌경색으로 몸이 마비가 왔다고, 너무 고맙다고 온전치 못한 말투로 말씀하셨다. 고향에 계시는 어머님이 생각나서 그냥 나도 모르게 몸이 움직였다. 그날은 하루 종일 마음이 포근하고 따뜻했고 하는 일도 그냥 신이 났다.

말 한마디, 행동 하나가 상대방에게 감동을 줄 수 있지만 사실은 내가 행복해진다는 것이다. 따뜻한 마음은 깨끗하고 순수하고 착한 사람이 표현하는 건 아닐까라고 생각해보았다. 어두움은 차갑고 밝음은 따뜻하다. 부드러움은 강하고 딱딱함은 부러질 수 있다. 따뜻함은 만물의 생명력을 불어넣을 수 있다. 닭이 알을 품고 병아리가 되기까지 21일 정도 기간이 소요된다고 한다. 사람들로부터 도움을 받았을 때 따뜻함을 느끼고, 내가 상대방에게 도움을 주었을 때 뿌듯함을 느낄 수 있을 것이다.

2015년쯤 우리 회사는 매년 승승장구하고 있었고 직원들도 하나 둘씩 늘어나고 모든 것이 너무나도 안정적이고 순탄한 비즈니스가 전개되고 있었다. 그해 봄날에 제주도 워크숍을 추진했다. 직원들이랑 후배들을 모아서 제주도로 떠나게 되었다. 김녕미로공원, 마라도, 무한도전에 나왔던 짬뽕집을 방문했다. 정방폭포 아래 제주 해녀들이 직접 잡은 멍게, 해삼을 관광객들에게 간이식당을 만들어 판매하고 있었다. 지금도 있을지는 모르지만 해녀들이 회를 직접 떠서 주셨고, 바다를 바라보면서 떨어지는 폭포 소리를 들으며 술잔을 기울이고 깔깔거리는 웃음이 끊이지 않았다. 햇살과 바람을 얼굴로 느끼니 너무나 따사롭고 행복했다. 마치 무릉도원에 앉아 있는 것 같은 행복한 날들이었다.

그때를 생각하면 지금도 평온하고 따뜻한 추억으로 남는다. 인간의 기억력은 정말 대단하다. 추억은 단어 하나만 떠올려도 마치 잠겨 있던 기억의 방이 슬며시 열리는 듯 하나씩 하나씩 두더지처럼 튀어나온다. 추억이란 생각을 좇아가는 것일 수 있다. 좇다 보면 좋았던 생각, 좋지 않았던 생각이 떠오를 수 있다. 그것은 단어의 선택에서 좋았던 생각이 나올 수도 있고, 그렇지 않을 수도 있다. 하지만 사람들은 둘 다 추억이라고 생각한다. 좋지 않았던 일은 나쁜 기억이라고 하는 것이 맞다. 트라우마 충격적인 경험을 통해 비슷한 상황이 되면 지속적으로 정신적 영향을 줄 수 있는 현상이다.

가끔 트라우마 극복 방법을 생각해봤다. 나는 정신과 의사가 아니기에 완벽한 치료는 할 수 없다. 다만 조금의 위로와 도움이 될 것이다. 나쁜 환경을 만들지 않고 단어선택을 신중히 하고 부정적인 단어와 부정적인 생각이 나오는 순간 '일시정지!'라고 외쳐본다. 그러면 순간적으로 나쁜 생각이 연기처럼 사라질 것이다. 인간은 하루에도 오만 가지 생각을 한다고 한다. 그중 80~90%는 같은 생각을 반복하고, 해결되지 않는 걱정거리를 하루 종일 잡고 있고, 전화가 오면 방금 했던 생각은 갑자기 잊어버린다. 트라우마, 걱정거리, 부정적인 생각이 올라올 때 생각의 전환을 한다면 심리적으로 안정감을 찾을 수 있다.

　인간은 감정의 동물이고 생각하는 만물의 영장이다. 몸은 원소로 이루어져 있다고 한다. 인간은 59가지의 원소의 결합으로 이루어져 있다고 한다. 산소 3분의 2 그리고 수소와 물로 이루어져 있다. 지구의 모든 생명체는 탄소를 기반으로 하는 유기화합물이라고 한다. 원소들의 조합으로 생명체는 살아간다. 감정 또한 원소의 조합으로 만들어진다고 생각된다. 에너지의 흐름이기 때문이다. 감정을 컨트롤 해야 한다. 안정된 상태와 삶을 풍요롭고 따뜻한 기억의 삶을 위해서는 보이지 않는 감정을 인정하고 스스로 잘 조절해야 할 것이다.

　따뜻함은 살아 있다는 것이다. 생명을 만드는 데 꼭 필요하다. 겨울이 지나 봄의 온기는 모든 생명체를 움트게 만들고 새싹들이 고개를 쏙 내민다. 정이 넘치는 사람은 온기를 전하고, 포기하거나 좌절하지 않고, 긍정적인 사람은 창조적인 사람이 될 수 있다. 명상과 운동을 통해서 마음과 몸을 따뜻한 기운으로 바꾼다면 살아가는 날이 행복한 일로 넘쳐날 것이다. 긍정은 따뜻함을 발산하고 부정은 차가움을 뿜어낸다. 사람은 타고나기를 부정적인 생각을 발산하고 부정적인 생각을 하게끔 태어났다. 부정은 차가움을 뿜어낸다. 부정이 다 나쁜 건 아니다. 모든 생명체는 스스로를 지키려한다. 두려움은 때론 자신을 보호할 수 있는 감각을 주기도 한다. 원하는 것을 얻어내기 위해서는 긍정과 부정의 조합이 필요하다. 행복한 삶도 간간이 부정과 스트레스가 없다면 온전한 행복을 느낄 수 없는 채로 살아갈 수도 있는 것이다. 그래서 부정은 긍정을 만들고 긍정은 부정이 있어야 빛이 난다.

　사람은 추억을 먹고 살아간다고 한다. 좋은 추억은 비싼 영양제보다 효과가 있고 좋은 컨디션으로 몸을 만들어 마음의 병을 말끔히 해소할 수도 있다. 삶의 원동력은 내 안의 잠재력에서 나온다. 좋은 생각은 나를 기분 좋게 하고, 올바른 생활습관을 만들어 그 마음이 새 삶을 창조하는 능력을 발휘할 것이다. 아끼고, 사랑하고, 나누고, 베풀고, 끌어주고, 당겨주는 나보다도 타인을 먼저 생각할 수 있는 마음을 스스로가 수양하면서 살아가야 할 것이다.

　마음이 따뜻한 사람은 엄청난 폭풍우가 와도 눈보라가 쳐도 꺼지지 않는 용암처럼 꿋꿋하게 흔들리지 않고 잘 견디어 나갈 수 있는 평온하고 강한 정신력을 가진 사람일 것이다.

03 번아웃과 영양실조

아마도 내가 태어난 날이 세상에서 가장 행복한 순간이 아닐까? 내가
이 세상에 태어났기 때문이다. 누군가가 나를 사랑한다는 느낌을 받았을
때보다 내가 누군가를 사랑할 때가 행복한 순간이다.

'행복'이라는 복이 나에게 들어와 기분이 좋은 상태를 말한다. 행복의
정의는 어려운 것이다. 내가 무언가를 했을 때나 새로운 것을 시도할 예
정일 때도 그 일로 인해 얻을 수 있는 기쁨, 희열, 뿌듯함, 보람됨, 이런
것들도 행복이다. 더 자세히 쪼개어 보면 숨 쉬는 것조차도 행복이다. 휠

체어가 아닌 멀쩡하게 걸어 다니고, 아프리카의 흙탕물이 아닌 깨끗한 물을 마시는 것도 행복이다. 행복은 불행 다음에 올 수 있고 불행 또한 행복을 느끼다 갑작스럽게 올 수 있다.

이 순간 나는 행복을 느끼고 안정적인 페이스로 오늘 하루를 어떻게 계획을 하고 행할 것인지 그림을 그려보라. 이렇게 한다면 불행이 오더라도 불행의 크기를 최소화할 수 있다. 인간은 마냥 하루 종일, 한 달, 일 년을 행복할 수 없다. 만일 그렇다면 행복의 진정한 맛을 느끼지 못할 것이다.

행복의 크기는 수치화할 수 없지만 당신 자신이 느끼는 크기는 형용할 수 없을 것이다. 우주보다도 더 클 수도 있고 보이지 않는 감정의 크기는 내가 충분히 조절할 수 있을 것이다. 작고 소소한 일이라도 내가 어떻게 받아들이고 살을 부치느냐에 따라 누구보다도 행복할 수 있다. 순간순간 감정의 변화로 행복을 느끼고 상상하고 계획을 세워 시작하기 전에 기대에 찬 행복을 느낀다. 하는 일이 잘되면 일의 만족도에 따라 큰 행복을 느낄 수 있다.

2020년 회사를 폐업하고 개인파산을 하게 되었다. 폐업되기 전 과정이 내게는 너무나 고통스러웠고 태어나서 정신적으로 이렇게 혼란스럽고 갈피를 잡지 못한 것이 처음이었다. 가슴이 터질 듯하고 머리가 돌아서 미친 사람이 될 거 같은 말로 표현할 수 없는 감정의 상태로 하루하루 살아갔다. 그냥 숨만 쉬면서 살았다. 운전을 하던 중 수시로 눈물을 흘렸다. 한번은 운전 중 홍진영의 〈산다는 건〉 노래를 듣다가 오열을 해버렸다. 전주에 나오는 악기 음색이 너무 애절하게 다가왔고 가사 중 "남들은 다 좋아 보여~ 어느 구름 속에 비가 들었는지 누가 알아~ 살다 보면 나에게도 좋은 날이 온답니다."라는 가사가 지금도 울컥한다. 그 이후 노래를 아예 듣지 않고 살았다. 그 당시는 그냥 산다는 것이 의미도 없고 별로였다.

한 달 동안 집에 처박혀 물만 먹고 매일 같이 오한에 이불을 꽁꽁 싸매고 누워 있었다. 몸이 천근만근 무겁고 머리가 어지러워 도저히 일어날 수가 없었다. 이러다 죽는 거 아닌가 싶었다. 몸도 정신도 너무 허약해서 달리 어떻게 할 방법이 없었다.

병원에서 번아웃 증후군에 영양실조라고 했다. 내 안의 모든 기운이 바닥까지 싹 빠진 상태, 병든 닭처럼 숨만 쉬고 있는 상태… 그렇게 시간이 흘러 한 달 가까이 될 무렵 저 바닥 깊은 곳에서 꿈틀대는 무언가가 아지랑이처럼 일어나고 있었다. 희망이었다. 잠재하고 있던 힘이 꺼져가던 나의 생명을 살릴 씨앗이 되어주었다. 내 안의 자아가 죽지 않고 가족이라는 단어를 떠올리게 해주었다. 하루 이틀 몸은 조금씩 회복되어 가고 지금 살아 있어 글을 쓸 수 있게 되었다. 내가 살아서 지금 누군가에게 희망을 줄 수 있는 글을 쓰는 지금 순간이 세상에서 가장 행복한 시간이다. 살아 있으면 행복하다. 행복하기 위해서 나는 살아 있고 살아갈 것이다.

　요즘 문득문득 많이 드는 생각이 있다. 행복한 삶을 위해 한 번쯤 내가 가고 싶은 유럽 일주를 해보라. 혹자는 결혼은 해도 후회, 안 해도 후회한다. 결혼을 하는 것이 행복이다. 지금처럼 혼자 자유롭게 살아가는 것이 행복이다. 하고 싶은 취미를 해가며 사는 것이 행복이다. 단면적으로 행복을 어떤 대상과 외부에서 찾으려는 경향이 크다. 그것이 시각화되고 빨리 체감을 할 수 있기 때문이다.

　회기본능, 아침에 집을 나가서 저녁이 되면 퇴근을 하고 집으로 돌아온다. 하루의 좋았던 일 나빴던 일 다 내려놓고 기분 좋게 현관문을 들어설 때 빈집일지라도 내가 느낄 때 가장 편하고 즐겁고 안정된 상태가 행복이라고 생각한다.

　내가 다녔던 중학교는 학급 당 60명, 학년 당 여섯 반으로 전교생이 천 명 정도였다. 그때는 교실이 꽉 차고 출석을 부르면 60번까지 한참 걸렸다. 그때는 학생이 참 많았다. 중학교 3학년 때 나인돌이라는 작은 모임을 만들고 같이 다니곤 했다. 중학교 3학년이라 누가 터치하는 사람이 없었다. 노는 게 좋아서 공부는 뒷전이고 하교하면 바로 회관식당을 하는 친구 집으로 모인다. 회관이라고 요즘을 좀 보기 힘든 상호다. 결혼식장이나 단체 모임을 주로 하는 대형음식점이다. 하교할 때 자전거를 한 대에 두 명씩 타고 회관을 하는 친구 집으로 총알같이 간다. 아지트였다.

거길 가면 재밌는 놀거리가 있다. 시골이라 특별한 문화 혜택을 받지 못해 사실 놀 거리가 별로 없었다. 우리는 때로 민물낚시, 축구, 야구도 하고 오락실에 갔다. 그리고 여름이면 이웃마을로 텐트 하나만 들고 가서 다리 밑 내천에서 파리 낚시로 피라미를 잡고 삼겹살도 구워 먹었다.

어린나이에도 불구하고 흥미를 가진 것이 화투 포카였다. 둘 다 재미를 붙이게 되고 소질도 조금 있었다. 두 장의 화투장을 들고 하는 베팅게임인데 〈떼이〉라고 한다. 같은 모양 두 장의 합이 높은 수나 같은 그림의 조합일 때 위너가 되는 게임이다. 중학생이라 돈은 없었지만 십 원, 백 원짜리로 재미삼아 했었다. 시골이라 가능했다. 지금 생각해도 웃음이 나고 어리석은 일이었다. 열심히 공부할 나이에 베팅하고 위너가 되었을 때의 기쁨과 행복이라니! 그 당시는 그렇게 놀면서 지냈다. 그때는 친구를 만나 노는 것이 재밌었고 주말이 되면 친구 집에서 외박을 하고 새벽에 민물낚시를 하러 갔다. 하루하루가 걱정거리라고는 하나 없이, 물론 돈에 대한 걱정을 할 나이도 아니지만 마냥 행복한 시간을 보냈다.

'나인돌' 아홉 명의 돌 친구는 아직도 무탈하게 각자의 위치에서 잘살고 있다. 그냥 그 시절에 친구라는 단어 생각만 해도 흐뭇하고 즐겁다. 사람은 관계 속에 즐거움을 느끼고 추억을 만들어 기억 상자에 담아 두나 보다. 나는 운동을 좋아했다. 운동신경이 있다. 그래서 짧은 시간에 학습하고 성과를 낸다. 성과는 노력과 시간을 투자하지 않으면 절대 이루어 낼 수 없는 것이다.

열심히 해서 1등을 하는 것보다 정상을 올라가는 과정이 더 흥미가 있고 행복한 것이다. 나는 운동을 하나 시작하면 그 종목의 원리와 메커니즘, 기본자세에 중점을 두고 과정을 쪼개고 쪼개어 습득하고 자신의 스타일로 창조도 한다. 같은 동작을 수없이 반복하다 보면 어느 순간 같은 동작이지만 미세하게 변화가 생기고 있다는 것을 알게 되고 느낌이 왔을 때 스스로 깨닫는다. 이렇게 조금씩 성장해 가는 것을 느낄 때 행복한 마음이 솟아난다. 깨닫고 이해하고 새로운 변화가 생길 때 성장 호르몬이 생긴다. 독서 중 단어의 뜻을 이해하고 깨닫는 순간 인간은 점점 안정적이고 강한 정신을 자아에 쌓아 갈 것이다. 생각하고 이해하고 깨달은 다음 지속하지 않으면 내가 원하는 인생을 살 수가 없다. 그것은 실행이다. 말이 필요 없다. 행동하지 않으면 허상일 뿐이다. 명심해라. 행복 하려면 행동하고 행동하면 윤택한 인생이 보장된다.

04 간절함은 기회를 만든다

얼마 전 나는 오아시스를 보았다. 사막에서만 볼 수 있는 것이다. 보이지 않는 끝없는 모래 평지, 모래 산. 식물은 어디에도 없었다. 사막에서 살 수 있게 최적화된 동물뿐. 지금 나의 삶은 사막과 같다. 보이지 않는다. 쉴 곳이 없는 막막한 현실이다. 오아시스는 사막의 빛이다. 유일하게 물과 식물 그리고 사람이 그나마 살 수 있는 환경이다. 일주일 전에 나는 귀인을 만났는데 그분이 오아시스를 안내해 주었다.

우리의 만남은 3년 전쯤 알 수 없는 이끌림에 의해 같은 공간에서 마주하게 되었다. 지금도 생생이 기억난다. 나는 끝자리에 앉아 있었는데 누군가 자리를 바꿔주기를 요청했고 나는 자리를 이동했다. 그렇게 귀인의 옆자리에 앉게 되었고 인사를 했던 것이 인연의 시작이었다. 며칠 전에 나도 모르게 내면 깊은 곳에서 솟아나는 이끌림에 의해서 그분께 전화하게 되었다. 아주 밝은 목소리로 마치 어제 만난 사람처럼 너무나도 반갑게 받아주셨다.

나에게 희망의 메시지를 전해주셨다. 할 수 있고 지금 해야 한다고 망설임 없이 강력하게 속전속결로 일을 추진했다. 그분 덕분에 나는 지금 글을 쓰고 있다. 메모를 통한 내 생각을 적은 글들 마음 안에 묻어두고 쌓아 놓기만 하고 꺼내지를 못했는데 작가님 덕분에 나의 글이 세상을 볼 수 있게 되었다. 나는 오아시스를 보았다. 드디어 살아갈 수 있는 희망의 불씨를 보고 극복할 수 있는 용기가 스멀스멀 피어올랐다.

간절함은 죽기 살기로 일하게 만들고 적당함은 이유와 변명만 말하게 한다. 간절함이 끌림의 법칙으로 진동과 파장을 통해 그분의 마음에 전달이 되었다. 나는 끌어당김의 법칙을 인정하고 믿고 있다. 세상 모든 것은 나의 마음과 생각이 원하는 대로 되어가고 있다. 마치 자석처럼 같은 생각을 하는 것은 모두 끌어당긴다. 어떻게 진동과 파장으로 주파수를 만들어 보내게 되는 걸까? 항상 신비롭게 생각했고 보이지는 않지만 이루어지고 있다. 결과는 눈으로 확인되고 있다. 라디오 주파수는 같은 채널이면 아주 또렷이 음악과 목소리를 들을 수 있다.

우리가 우주의 원리를 믿고 살아가야 하는 이유는 모든 것이 법칙과 원리에 의해 한 치의 오차도 없이 아주 잘 돌아가고 있기 때문이다. 생각하고 상상하고 믿고 실행하면 반드시 이루어진다. 그냥 믿어서는 안 된다. 강력한 에너지를 발산하면서 인내하고 절제하면서 기다려야 한다. 나는 사막에서 흔적도 없이 사라질 뻔했지만, 긍정의 마인드로 버텼다. 조금씩 지쳐가고 있는 시점에 오아시스를 만나게 되었다. 포기했다면 오아시스를 보지 못 했을 것이다. 물도 임계점을 지나야 끓기 시작한다. 세상만사 다 때가 있고 법칙과 원리에 의해 창조되고 변해간다. 어쩌면 우주를 이해한 사람들은 이미 상상 이상의 그 무언가를 창조했을 수도 있다. 단지 세상에 오픈하지 않았을 뿐이다.

인간은 끊임없이 진화하고 있고 세상은 비밀을 아는 사람들에 의해서 만들어지고 그들은 선점했다. 비밀을 이해 못 한 사람은 그들을 쫓아가는 노예가 될 뿐이다. 비밀을 안다고 해도 쉽지만은 않을 것이다. 강력한 믿음을 만들기 위해서는 '자아' 내 안의 우주를 강력한 에너지로 채워두어야 한다. 원하고 관심 있는 분야를 파고들고 정신을 받쳐줄 수 있는 근육과 체력을 꾸준히 키워야 한다.

우리는 살아가는 데 가장 소중한 것이 무엇인지 알아야 한다. 나와 관계된 사람들, 가족, 친구, 지인들, 힘든 시기 나와 같이 할 수 있는 반려동물들 기분이 우울할 때 드라이브 할 수 있는 멋진 차, 나를 돋보이게 해줄 수 있는 예쁜 옷, 나의 건강한 육체를 유지할 수 있는 음식, 나를 중심으로 소중한 것들은 많고 다 나열하자면 끝이 없을 것이다. 세상과 소통하고 함께 융합하며 살아가는 첫 번째 키워드인 '나' 나는 나와 자아를 이렇게 구분한다. 나는 '이것이 하고 싶다'고 하면 자아는 '아니야 그것보다는 이것이 더 나을 거 같은데'라고 나의 생각에 대해 자아는 저항한다. 자아는 부정을 먼저 한다. 수십 년을 살아오면서 내 생각과 행동 습관의 결정체이기에 무의식적으로 반응하는 것이다.

　그래서 나는 모든 것의 부정과 긍정은 내가 결정하고 내가 행한 결과라고 생각한다. 부정한다고 해서 잘못된 것은 아니다. 오히려 부정은 앞으로 일어날 일에 대한 반응과 보호본능을 감각적으로 미리 알아차리기 때문에 사고 예방을 할 수 있는 좋은 신호일 수도 있다. 가장 소중한 것은 나와 자아인 것 같다. 자아를 인정하고 협력하고 서로를 사랑해준다면 안정된 상태의 하나된 나를 만들 수 있을 것이다. 사랑은 긍정을 타고 긍정은 사람을 만나고 일하고, 운동할 때 더 나은 에너지를 배가시켜 실력향상은 물론 원하는 바, 그 이상을 성취할 수 있다고 믿는다.

　그리스 철학자 소크라테스는 이렇게 말했다 "너 자신을 알라." 아주 소중한 말이다. 누구나 다 아는 명언이다. 내가 아는 것은 내 것이 아니다. 내 것이 되려면 깨달음이 필요하다. 나의 육체와 정신에 최소 7개월 이상 체화시키고 세뇌가 되고 세포가 변해야 한다. 인간의 몸은 계속 변한다. 그 주기가 7년이면 습관의 세포가 새롭게 변한다. 아는 것은 1차원적인 상태이다. 우리가 깨닫고 세포까지 변해야만이 초고차원적인 상태라 할 수 있다. 초고차원적 상태가 되면 아주 안정적이고 완벽한 마음이 될 것이다. 그 이후부터는 매뉴얼이 되고 시스템화가 된다. 마치 하고 싶은 게 있다면 목표 모드를 선택하고 시스템에 입력만 하면 다 이루어질 수 있다.

세상 모든 일들은 생각의 방향이 어떤 방향으로 흘러가느냐에 따라 잘 될 수 있다. 그렇지 않으면 변질이 된다. 진정 오아시스를 보고자 한다면 견디기 힘든 고통스러운 상황에서도 죽을 만큼의 간절함을 느낄 때 비로소 보일 것이다. 아무나 보이지 않을 것이고 찾아내려고 하는 사람만 보일 것이다. 오아시스는 잠깐 쉬어가는 버스정류장이다. 살려만 주는 곳이다. 사막을 벗어나려면 잠시 쉬었다가 갈증을 해소하고 에너지 충전한 후 가장 효율적인 방법을 강구해서 사막을 벗어나면 된다. 피폐해진 삶은 탈진해 버린다. 수분이 부족한 육체는 경제적인 고통의 한계는 결핍, 고갈, 목마름 누군가 말했다. 시련은 암흑이다. 갑갑하고 어두운 상태 조금만 기다리면 눈이 밝아지고 앞이 보이기 시작한다.

시련에 막힌 벽은 나를 지켜주는 성벽이 되고 더욱더 강인한 정신이 뼛속에 자리 잡을 수 있게 해준다. 어떤 고난도 이겨낼 수 있는 힘이 생겨날 수 있도록 해준다. 사태가 호전되고 있고 방법은 반드시 생기고 희망적이고 비전을 보게 된다. 해결할 방법이 하나둘 생겨나고 나는 너무나도 편안하고 안정된 마음 상태가 될 것이다. 오아시스는 실체이고 신기루는 허상이다. 신기루는 대륙의 공기와 온도의 차이로 빛이 굴절되면서 나타나는 현상이다. 사막에서는 넓은 호수처럼 느껴지고 가도 가도 닿을 수 없는 실체다. 우리는 인생에 있어 허상을 좇아 갈 수도 있다. 포기하지 않고 끝까지 간다면 오아시스를 만날 수 있을 것이고, 인간이 살아가는 데 충분한 위안과 희망을 얻을 수도 있다.

05   내가 만든 희망과 용기

비가 억수같이 내리고, 눈이 펑펑 내리고 햇빛이 강렬하게 비치고 몸을 날릴 정도의 바람이 불어도 이 또한 지나가리라 생각한다. 자연은 인간에게 환경으로 보답하고 또한 인간은 인간에게 시련과 고통을 준다. 자연은 깨달음을 주고 우리는 다음 해를 예상하고 대비책을 준비한다. 인간은 욕망과 욕심으로 경쟁하고 서로에게 상처와 아픔을 준다.

지혜로운 사람은 경험을 바탕으로 인간관계를 정리하고 관리를 한다. 사회적동물인 사람은 서로 정을 나누고 도움을 주고 격려와 칭찬을 하고 희망과 용기를 주려고 애쓴다. 초창기 회사를 같이 운영했던 선배와 친구, 선배는 첫 직장 입사 동기다. 나보다 두 살이 많았고 순진하고 착한 서울 사람이었고 또한 착하고 똑똑한 부산 친구였다. 같은 업계에 있으면서 영입했고 같이 일했다.

2018년 4월 어느 날 선배가 아침 댓바람부터 술 냄새를 풍기면서 할 말이 있으니 얘기 좀 하자고 했다. 주차장에서 얘기를 시작했다. 첫마디가 "이제 일을 그만두려고 한다."라는 말이었다. 대수롭지 않게 뭔 소리냐 술 깨고 다시 얘기하자고 했다. 선배는 많은 생각 끝에 결정하고 하는 말이니 들어 달라고 했다. 침착하게 무슨 일 있냐고 물어보았다. 좀 쉬다 자기 일을 해보겠다고 했다. 저녁을 먹으며 다시 회유하기 시작했다. 문제가 있으면 같이 해결하자, 시간을 두고 좀 더 생각한 후에 결정해도 늦지 않다고 설득하고 사정했다. 사실 고심 끝에 결정한 거라 쉽게 바뀌지 않을 거라 생각했고 무언가 준비된 상태에서 얘기했을 거라 예상했다. 그리고 선배의 태도가 강경해서 지금 당장 설득은 어려울 듯해서 며칠 동안 생각해보자고 하고 헤어졌다.

다음날 친구를 불러 점심을 같이 하면서 선배에 대해 알고 있는 게 있냐고 물었고, 따로 만나서 설득 좀 해보라고 얘기했다. 친구가 말하길 무슨 일이 있는지 잘 모르지만 선배랑 얘기해보겠다고 했다. 다음날 내 방으로 친구를 불러 선배의 의중을 물어보았냐고 질문했다. 친구는 마른침을 삼키고 의미심장한 표정으로 살짝 머뭇거리며 말하기 시작했다. 너무 완강해서 본인도 더 이상 설득을 할 수 없다고 했다. 그리고 전화 한 통이 왔다. 거래처 형이다. 다짜고짜 회사 상호 바뀌었냐고 직원들 이름에 정작 너 이름은 없다고 무슨 일이냐고 하면서 사진을 보내왔다. 거기에 적혀 있는 이름은 선배와 친구 몇몇 직원들이었다. 나는 순간 청천벽력 같은 소식에 할 말을 잃었다.

쓴웃음과 콧방귀가 자연스레 나왔다. 당시 너무 황당해서 놀랍지도 않고 무념무상의 상태였던 것이 아직도 생생하다. 어떻게 그때 놀라지 않고 침착한 상태가 되었는지 모르겠다. 멘탈이 나름 좋았나 보다. 시간이 지날수록 멘탈은 흔들리고 심리적 상태도 변하기 시작했다. 뭐랄까 끝이 없는 암흑으로 빠져들어 가는 느낌. 당장 선배를 불렀고 선배와 친구 이름이 적힌 회사소개서를 보여줬다. 이런 상황이면 분노를 참지 못하고 화가 폭발했을 텐데 역시 고요한 나의 마음 상태. 너무나도 세게 맞아서 그런 걸까? 감정은 평온했다. 선배라고도 하고 싶지 않았고 어떻게 된 거냐고 물어보았더니 둘이 회사를 설립했다고 했다. 친구는 지금 어디 있냐고 물었더니 오픈할 회사에 있다고 했다. 그때서야 내 안에 깊숙한 곳에 화가 올라왔고 당장 통화해서 친구를 불러오라고 역정을 냈다. 선배와 통화를 한 친구가 전해 준 말은 18년 지기가 했다고 믿을 수 없을 정도의 내용이었다. 그래서 나도 여기서 끝장을 내자고 했다. 선배는 나를 끌고 제발 부딪치지 말라고 애원하고 부탁했다. 10분 이상을 기다리다 보니 화가 좀 가라앉았고 생각을 다시 해보게 되었다. 내 안의 자아가 내게 말을 했다. 지금 분노할 때가 아니야. 정신을 가다듬고 대책 마련에 집중해라! 라고 하는 것이다. 사건은 터졌고 이미 물은 엎질러진 상태였기에 수습 모드로 나는 전환했다. 제대로 뒤통수를 맞았다. 근무하며 동시에 오픈한 자기네 회사를 홍보하는 팩스를 보냈다는 것은 면전에 대고 노략질을 한 것이다. 참 어리석고 완벽하지 못한 행동에 어이가 없고 피가 거꾸로 솟을 지경이었다.

선배와 친구는 공들여 만들어진 업체와 직원들을 빼돌려 한순간에 회사를 풍비박산으로 만들어 버렸다. 어떻게 업무 중 기존회사에서 자기네 회사홍보를 했다는 것은 양심도 없고 상도도 모르고 소위 삼류 양아치다. 배신한 선배와 친구, 동참한 직원을 즉시 해고시켜 버렸다. 사소한 흔적도 보기 싫었다. 지금의 상황을 어떻게 잘 해결할 수 있을지만 생각했다. 다음날 업무직원이 없어 내가 직접 업무 진행을 했다. 다행히 현장에 3명의 직원은 동요하지 않고 남아주었다. 현장에만 있던 친구들이라 업무적인 것은 다시 교육을 통해 업무부로 전환 시켜 주었다.

하늘이 무너져도 솟아날 구멍이 있다는 옛말을 나는 이해하고 느낄 수 있었다. 남아준 직원들은 나에게 희망이었고 다시 일어날 수 있는 용기를 주었다. 그날 밤 어두운 하늘의 별을 보고 긴 한숨을 쉬었다. 긴 한숨의 의미는 아 다행이다. 살았다. 고맙다. 반드시 지켜내겠다는 에너지의 술렁임이었다.

회사 업무를 수습하고 직원들 교육을 완료 후 업체 방문을 시작했다. 기존 업체 유지와 유실 업체 분류 및 유치하기 위해서 매일 업체 방문과 전화 통화를 지속했다. 이미 둘이 작당모의를 한 지가 오래된 거 같았다. 업체에서는 건성으로 유지하겠다는 태도를 보였다. 나 또한 너무나 부끄럽게 선배와 친구한테 믿고 맡겨두고 관리가 전혀 안 된 모습에 자신이 원망스럽고 화가 났다. 우리와 같이 하겠다는 업체의 말에 희망을 보았고 반드시 극복할 수 있다고 말해줘서 용기를 받았다. 그렇게 며칠⋯ 시간이 지날수록 거래처는 눈에 띄게 콩나물시루에 콩나물이 뽑혀 나가듯 숭숭 빠져나가는 것이 보였다.

어느 정도 수습이 끝나고 업무가 정상적으로 돌아갈 때쯤 긴장이 풀렸다. 그제야 소파에 기댈 수 있었다. 그때 내가 살던 곳은 15층이었다. 창문 아래를 보면 무섭기도 하고 높긴 했지만 창가에 다가서며 나쁜 생각이 들었다. 뛰어내리면 모든 게 편안해질 것이다. 찰나에 어머니의 얼굴이 떠올랐고 어제도 전화 통화하면서 하시는 말이 "별일 없지? 밥 잘 먹고 항상 즐겁게 건강하면 다 잘 된다."라고 말씀하시며 나를 잡아주고 나쁜 생각을 달리하게 해주었다. 세상에 이런 일이 어떻게 일어날 수 있지? 남들 얘기인 줄만 알았던 천인공노할 일이 나에게 생기다니! 20년 지기가 나를 배신했다는 것이 믿을 수 없었다. 지금껏 살면서 사람한테 배신을 당할 정도로 나쁜 짓을 한 적이 없었고, 남들에게 베풀고 의리 있게 살았다고 잘 살아왔다고 생각하는데 "하늘이시여 왜! 왜! 왜! 저한테 이런 시련을 주십니까?"라고 하늘에 원망했다.

하지만 난 긍정의 모드로 전환해서 '고통과 아픔은 나에게는 뼛속 깊숙이 새겨질 일이고, 다시 힘을 낼 용기를 줄 것이고, 더 잘할 수 있을 것이다. 희망을 반드시 줄 것이다.'라고 하며 마음을 다잡고 '견딜 수 있는 시련과 아픔을 주셔서 감사합니다.'라고 되새김질했다.

'전화위복' 위기와 어려움이 오히려 상황을 바꾸게 되어 극복할 수 있는 긍정의 힘으로 변했다. 사람의 마음이 한 번에 다 바뀌지 않는다. 생각은 꾸준히 하지만 내 몸과 정신에 체화되고 새겨지는 것은 시간이 필요하다. 하루하루 순간순간 흔들리는 마음을 튀어 나가지 못하게 잡아두는 연습을 끊임없이 했다. 이후 난 근본적인 문제가 무엇인지 하나씩 체크해 보기로 했다.

어느 휴일 우연히 TV를 보다가 〈상도〉라는 드라마를 보게 되었다. 이재룡 배우가 거상 임상옥 역할을 맡은 2001년 50부작의 대작 서사 드라마였다. 『상도』라는 책은 이미 읽어보았지만 절묘한 타임에 드라마로 다시 접하게 되었다. 거의 3-4일 낮과 밤을 꼬박 새며 50부작을 다 보았다. 참 고맙고 위로와 희망과 용기를 주는 드라마였다. 수많은 고난과 시련과 배반과 예상치 못한 생사의 불행과 일들이 비일비재했고 거상 임상옥의 순탄치 않은 삶이 연속이었다. 그렇게 시련과 고난을 이겨낼 수 있었고 죽을 고비에서 목숨까지 살릴 수 있었던 운은 바로 사람이었다. 임상옥은 늘 만인을 함부로 대하지 않고 나라가 어렵거나 백성이 힘들 때 주저 없이 아낌없이 재산과 곡식을 나눠주었다.

극 중에 '계영배'라는 유명한 일화가 나온다. '계영배'는 넘치지 않는 술을 말한다. 술을 아무리 따라도 넘치지 않는 구조의 술잔이다. 잔에다 술을 채우면 7부 정도 찼을 때 술이 아래로 빠지는 구조로 만들어졌다. 계영배의 의미는 과욕을 말고 욕심을 줄이라는 깊은 뜻으로 만들어진 술잔이다. 욕심과 욕망은 삶을 위태롭게 할 수 있다는 교훈을 준다. 거상 임상옥은 조선 23대 왕 순조 1800년도 무렵의 실제 인물을 묘사한 것이다.

역사는 반복되는 것이다. 그렇다. 과거 200년 전에도 태초 사람은 살았고 사회적인 생활을 하고 무역, 전쟁과 질병이 발생했고, 가난한 사람과 부자, 행복과 불행 기쁨과 슬픔, 인간이 느끼고 행하고 겪을 수 있는 것이다. 역사는 반복될 수밖에 없다. 인류가 존재하는 한 역사를 되짚어 보고 좋지 않은 것에 대비하고 좋은 경험과 정보를 잘 활용해야 한다.

미래를 위해 역사를 알고, 시대를 알고, 사람을 알아야 한다. 모든 것은 책에 있다. 책은 먼저 살았던 사람들의 생각과 방법과 생활을 총망라 해놓은 정보이기에 반드시 읽고 적용한다면 윤택한 삶을 보장할 것이다. 희망과 용기는 누가 대신 나에게 줄 수 없다. 타인의 영향은 분명히 있으나 그것의 감정은 내가 만들어 나아가야 한다. 희망과 용기는 감정이다. 감정은 반드시 자아가 느끼고 깨달을 때 진정 나의 것이 되고 나의 힘과 에너지가 될 것이다.

06 믿음을 마음에 새겨라

시련은 누구에게나 올 수 있고, 왔다갈 수 있다. 그런데 시련의 상태에 그냥 머물러 있다가는 돌이킬 수 없는 실패로 돌아갈 수 있다. 시련의 끝은 어디일까요? 종착지는 성공과 실패일까요? 목적지는 내가 정할 수 있다. 마치 네비게이션의 주소를 입력하면 알아서 집을 찾아가듯, 시련이 다가 왔을 때 대부분의 사람들은 무엇을 해야 할지 한동안 멍하니 현실만 바라보게 된다. 인간의 원초적 본능은 부정적인 생각에서 시작된다고 한다. 시련이 오고 부정의 생각을 하고 한동안 머리가 혼돈의 상태가 되고, 심장이 터질 것 같았다. 어디로 튀어 나갈지 갈피를 못 잡게 되면 미칠 것 같은 슬픈 감정이 휘몰아친다. 라디오에 어떤 음악이 흘러나올지는 모르지만 한 소절의 음악이 감성을 건드리면 아픈 눈물이 분수처럼 터질 것이다.

2008년 동아국제마라톤대회가 서울 광화문에서 개최되었고 참가 신청했다. 내가 신청한 코스는 42.195km 풀 코스였다. 그래도 남자니깐 풀코스 정도는 뛰어야지 하고 또한 나의 운동신경과 체력을 믿고 대회전까지 한 달 남짓 집 앞 중학교 운동장을 새벽에 꾸준히 뛰면서 준비했다. 축구하는 선후배랑 풀코스를 같이 접수했다. 당일 광화문 앞 광장은 내가 생각했던 것보다 많은 사람들이 참가했다. 국제마라톤이다 보니 해외선수들도 많이 눈에 띄었다. 출발 순서 배치는 해외, 국내 대표 실력 좋은 실업팀, 아마추어 동호인, 그리고 일반인 코스별 참가자인 나와 선배 그리고 후배 출발대기하고 있었다.

참가자 모두 맨손체조 하면서 몸을 풀고 출발점에 준비를 마치고 잠시 후 출발을 알리는 전자 화약 총성의 울림과 동시에 함성과 웃으면서 즐겁게 앞사람 다리 밟지 않게 천천히 걸으면서 출발했다. 러너들이 너무 많아서 한동안 뛰지 못하고 걷다 빠른 걸음 하다가 서서히 뛰기 시작했다. 같이 동참한 선후배랑 속도를 맞추어가면서 페이스 유지를 했다. 광화문을 출발해서 청계천을 따라 잠실대교를 넘어 잠실 종합운동장까지 풀코스였다.

몸에 땀이 나기 시작하고 힘은 들지만 할 만하다는 느낌이 들었을 때와~ 이게 뭔가 군악대의 응원연주가 울려 퍼졌다. 자원봉사자들의 응원도 잠시나마 지친 영혼을 깨우고 의지를 활활 타오르게 해주었다. 다시 피로가 올라왔다. 호흡을 조절하고 페이스를 맞추어 한동안 말없이 뛰다가 보니 하프 코스까지 오게 되었다. 사람들이 음료수가 있는 테이블 쪽을 빽빽이 감싸고 주섬주섬 무언가를 먹고 있는 것이었다. 그것은 초코파이, 바나나였다.

하프 반환점 21.1km 엄청나 에너지를 소비했기 때문에 잘못 하다가는 탈진할 수 있다. 당과 수분을 보충해야 하는 상황이었다. 나 또한 동참해서 아주 급하게 바나나 초코파이 이온 음료를 먹고 마셨다. 여기서 시간을 지체할 수 없기에 불과 10초 정도 머물다가 양쪽 주머니에 초코파이를 집어넣고 결승점을 향해 다시 뛰기 시작했다. 군악대와 자원봉사자들은 마치 개선장군에게 하듯 열렬한 응원을 아끼지 않았다. 그 응원과 박수가 지쳐서 포기할 마음을 다잡고 나를 다시 뛰게 했다.

30km쯤 달리자 말로 표현할 수 없을 정도의 근육통과 전신의 관절 마디마디가 찢어지는 듯한 통증에 너무 고통스러웠다. 걷다 뛰다 도로 통제 시간이 지나면 인도로 달려야 했다. 신호등을 지켜 가면서 잠실대교를 넘자 멀리 종합운동장이 보였고 희망이 보이고 할 수 있겠다는 의지가 다시 생겼다. 순간 알 수 없는 희열과 카타르시스를 느꼈다.

인생을 마라톤이라는 것에 비유한다. 죽을 것 같은 고통을 주다가도 포기하지 않고 고비를 넘기면 잠깐이지만 고통과 아픔을 사라지게 하는 명약인 카타르시스를 선물로 준다. 이겨낼 수 없을 정도의 고난과 외로움, 경제적인 상황이 닥쳐오더라도 절대 쉽게 인정하고 무릎 꿇지 마라. 왜냐면 풀코스 마라톤도 힘들면 걷다가 쉬었다가 뛰다가 수없이 반복해도 결승지점은 마지막 한 사람까지 기다려준다.

먼저 골인 지점을 통과한 선배들은 내가 좋지 않은 컨디션과 마음만 준비된 상태로 무리해서 뛰는 것을 알고 있었다. 마라톤 관계자들 기자협회 전화를 해서 나의 안부를 물었다고 한다. 나는 골인 지점을 통과했다. 6시간 48분에 통과를 하고 한동안 나는 트랙에 그대로 누웠다. 너무나 고통스러운데 평온하고 행복인 기분이 스며들었다. 누군가 와서 물을 건네주고 격려해 주며 나를 일으켜 주었다. 아직 내 뒤로 골인 지점을 향해 달려오는 사람들이 있었다. 놀랍고 감동스러운 모습이었다. 풀코스는 제한 시간인 5시간 안으로 골인해야 인증서를 받을 수 있다. 나는 제한 시간보다 1시간 반 이상 오버가 되어 인증서는 없고 메달만 받았다. 마라톤 후유증은 오랫동안 지속되었다. 일주일은 제대로 걷지도 못하고 보름이 지나서야 근육이 풀리고 정상 컨디션으로 돌아왔다. 하지만 나는 두 번 다시 마라톤을 하지 않겠다든가 부정적인 생각과 말은 하지 않았다. 기회가 된다면 다시 또 뛸 수 있을 것 같았다. 그 후 15년이 흘렀지만 나는 어떤 상황에서도 멈추거나 포기하거나 부정적인 생각은 하지 않고 앞만 보고 긍정과 공격만이 내 삶의 키워드였기 때문이다.

우리는 현재 과거 미래를 구분하면서 살고 있다. 이 순간 현재이고 내

일이면 과거가 되고 오늘은 어제의 미래가 된다. 우주의 공간을 시간이라는 것으로 구분해놓았을 뿐이다. 물론 나이를 먹고 세포가 죽어 가면 늙고 변화가 생기겠지만 지금 최선을 다해야 우리가 말하는 과거 예쁜 추억으로 남게 되고 지금 재밌게 보내야 과거에서 바라볼 수 있는 즐거운 미래가 될 수 있다.

사람이 살면서 기회는 세 번 온다고 한다. 우리가 모르는 사이 스쳐 지나갔었을 수도 있고 그냥 덥석 잡힐 수도 있다. 기회는 시련이다. 시련의 뒤편에는 무엇이 있을까? 뒤편엔 알 수 없는 오늘이 있다. 오늘은 내일이기 때문에 여러분들은 지금 정리 정돈을 귀찮아하고 해야 할 일을 미루며 살고 있다. 현재의 부에 만족해버리고 맞서야 할 것에 인정해버리고, 끝내야 할 일을 대충 하고, 가야 할 곳을 가지 않고, 지금 하지 않으면 미래는 말한 것처럼 그대로 멈춰있거나 더욱더 나락으로 떨어질 것이다. 시련의 크기는 중요하지 않다 사소한 것도 사람에 따라 시련이 될 수 있고 아무렇지 않게 잘 넘기면 기회가 방긋 미소 지으며 기다릴 수도 있다.

시련은 겪어보지 못하고서는 어떤 느낌인지 모를 것이다. 뼈를 깎는 고통, 미쳐버릴 것 같은 머릿속, 터질 거 같은 심장, 사방이 꽉 막혀 꼼짝달싹할 수 없는 관에 갇혀 누워 있는 기분이다. 숨 쉴 수 있는 구멍만 있으면 반드시 살아나올 수 있을 것 같은 상황, 만일 정신을 잡지 못하면 미쳐 아무런 방법도 쓰지 못하고 그냥 죽을 수 있다.

3개월 전 2022년 11월 말경 난 멘탈 극복 방법을 찾았다. 요즘 적용하고 있는데 효과가 있다. 사람마다 다를 수 있지만 앞에서도 언급한 적이 있다. 바로 이것이다. 속으로 외쳐라! 입을 벙긋하면서 부정과 불안의 느낌이 올 때 일시 정지, 방향의 전환이 필요하다. 그리고 가장 중요한 것은 혼잣말로 입 밖으로 반드시 뱉어내야 한다는 것이다. 이렇게 정지한 후 눈동자나 고개를 살짝 돌린다. 그리고 중요한 것은 아무것에나 초점을 두고 그냥 바라보는 것이다. 그리고 바라본 것을 터치. 만일 볼펜이 있다면 볼펜을 잡는 순간 부정의 생각은 연기처럼 사라질 것이다. 순간 잊어버리고 집중하게 된다.

인간의 감각은 새로운 것을 하려고 할 때 그 대상에 집중하고 좀 전의 일은 그냥 잊어버린다는 것이다. 우리가 좋은 생각이 머리에 떠올라 메모하려고 연필을 잡고 움직이는 순간 바로 잊어버린다는 것이다. 부정의 생각은 의도적으로 방향 전환한다는 것에 뜻이 있다. 우울할 때 힘든 상황 가만히 견디지 말고 멘탈 극복 방법을 수시로 해보자.

아래와 같이,

[외치고] [방향 전환] [액션]

여러분이 대구에서 서울 가려면 KTX를 타러 간다. 목적지는 서울. 여러분들의 성공을 서울이라 했을 때 KTX만 타면 성공은 보장이 되는 것이다. 서울에 가기 위해서는 발권하고 기차를 타는 출구 플랫폼을 반드시 지나야 한다. 그러면 정시에 도착할 수 있다. 플랫폼을 지나 기차를 탈 수 있다면 성공할 수밖에 없다. 하지만 반드시 명심해야 할 것이 있다. 계획하고 준비를 철저히 해야만 표를 살 수 있고 표가 있어야 플랫폼을 통과할 수 있다는 것을 명심해야 한다. 오늘 시련을 잘 극복하면 내일을 성공으로 보답 받을 수 있다는 것을 믿어라.

믿음은 한 번에 내 마음에 자리 잡지는 않는다는 것을 명심해라. 시간을 들여 반복적인 생각과 몰입의 기반 되어 상황을 체험하고 그 횟수가 쌓여갈 때 믿음이 생기는 것이다. 믿음이 내 마음에 새겨지는 순간 거침 없이 성공 가속성을 보일 것이다. 브레이크 풀린 덤프트럭이 내리막을 무섭게 내려온다고 상상해 보자! 믿음과 동시에 성공은 걷잡을 수 없는 에너지가 생기게 될 것이다.

07 확신을 시각화하라 현실로 구현된다

확신을 가지고 행한다면 성공한다. 보통 사람들은 일상대화를 하면서 이런 단어를 잘 쓴다. 내가 봤어요. 확실하다니깐! 보지 않고 우기듯 말하는 사람, 직접 보고 확신에 찬 사실과 정보를 전달하는 사람이 있다. 예를 들어 먹을 것, 입고 싶은 것, 하고 싶은 것을 꾸준히 생각하고 가지려 한다면 얻고자 하는 것의 사실적 정보를 수집하고 이미지로 그린다면 며칠 후 이미 먹고 있거나 매장 앞에서 옷을 사고 있을 것이다.

원하는 것을 갖지 못하는 것은 가지고 싶은 것을 지속적으로 생각하지 않고 시각화시키지 못하기 때문이다. 아니면 내 눈으로 직접 본다면 효과가 더 있을 것이다. 실제로 지난달에 방어를 먹어야겠다고 생각했다. 포털사이트에 제철대방어를 검색했고 노량진에서 먹으면 느낌이 좋을 거 같았다. 국내 대표적인 수산물 시장이고 왠지 더 신선할 거 같았다. 사실 돈 한 푼이라도 아껴야 하는 상황이었고 먹고 싶은데 통장 잔고가 부족했다. 먹지 않고 아껴야 하는 지금 좀 과하다 하는 생각이 나를 초라하게 만들고 위축되게 했다.

그럼에도 불구하고 자꾸 생각이 나고 블로그를 통해서 사진의 신선도를 여러 차례 확인하고 또 보고 사진이 너무 먹음직스럽게 올라와 있었다. 나는 이미 횟집에 앉아 먹고 있는 상상까지 해버리고 말았다. 상상이 순간 나를 피식 웃게 만들었다. 사실은 여유는 없지만 꼭 사주고 싶은 사람이 있었기 때문에 같이 먹으면서 시간을 보낸다면 너무 행복하고 기뻐할 것 같아서였다.

그날 저녁 상상한 것처럼 노량진시장에 가서 대방어 회를 떠서 예약해 둔 식당으로 이동해 테이블에 앉아 젓가락을 들었다. 현실이 되었다. 와~정말 두툼한 방어 사시미 탱글탱글 비쥬얼 꼬들꼬들 씹히고 살아 있는 듯한 식감! 혓바닥과 입천장에 닿으며 입안을 맴도는 고소함의 풍미! 제철 방어는 꼭 노량진 횟집에서 먹어야 한다. 그날은 그분과 함께 앉아서 귀한 시간을 보냈다. 일주일 전부터 내가 원하는 사람과 꼭 먹기를 바라고 함께 하는 장면을 상상하며 시각화했던 것이 현실로 이루어졌고 당시 나의 감정과 기분은 구름 위에 둥둥 떠다니는 행복한 마음이었다.

그날 이후 나는 바라는 것은 무조건 이룰 수 있다는 자신감과 확신이 마음속에 세팅하기 시작했다. 인생은 외줄 타기와도 같다고 생각한다. 중요무형문화재 58호인 외줄 타기는 말 그대로 한 줄을 타는 것이다. 그것도 2m 높이 위에서 아무런 보호 장비 없이 부채 하나만으로 중심을 잡고 2미터 높이 외줄 위에서 점프를 한다. 눈 뜨고도 믿을 수 없는 상황이다. 하지만 직접 보고 나면 믿을 수밖에 없는 일이 된다는 것이다.

살아가다 보면 위험한 상황의 일이 생길 수 있고 정해둔 길을 이탈하며 갈 수 있다. 예상치 못한 사고로 먼저 생을 끝낼 수도 있다. 사회는 규칙과 질서를 바탕으로 더불어 살며 상호 이해관계를 만들어 가면서 살고 있다. 우리네 인생은 대충 살고, 일을 미루고, 남 탓을 하고, 청결하지 못하고, 거들먹거리고 산다. 내가 최고인 양 '안하무인' 한다면 마치 외줄을 이탈하여 낙상하는 것과 같다. 낙상하면 그제야 나를 되돌아보곤 한다. 우리가 원하고 바라는 것이 있다면 절대 집중력이 흐트러지면 안 된다. 원리와 규칙을 철저하게 지켜내야만 원하는 것을 얻어낼 수 있을 것이다. 우리는 흔히 이루어졌다는 것은 원하는 것, 바라는 일, 하고 싶은 것을 얻어냈거나 해냈을 때를 말한다. 생각하고 계획하고 행동할 때 원하는 것을 이루는 시간이 단축할 수 있다. 그 성과는 보통사람의 10배 100배 이상 효과가 있다. 쉽게 얻어내는 방법도 있을 것이다. 하지만 이루기 위한 과정은 완벽하게 집약적으로 원하는 대상을 응축한 다음 가시화시켜야 한다.

대부분의 사람들은 원하는 것을 바랄 때 자신의 형편을 먼저 생각한다. 원하는 것에 대한 접근 방법이 잘못된 경우가 많다. 보통 가능할까? 그게 될 수 있을까? 살 수 있을까? 나중에 하지 뭐! 이길 수 있을까? 저것이 말처럼 될까? 안될 수도 있을 거야! 이렇게 끝말을 부정적으로 얼버무리며 시작한다.

2019년 12월 31일 거래은행에서 회사통장을 지급정지했다. 자금동결 은행에서 통장으로 들어오는 모든 거래처의 자금을 회사에서 회수할 수 없게 만들어 버린 것이다. 예정 고시도 없이 저녁 무렵 지급정지가 되어버렸다. 그것도 연말에다 말일인데 수십 군데 미지급업체, 이해관계자들, 금융, 행정기관들 모두 지급할 수 없게 되었다. 전화벨은 수도 없이 울렸고, 결제하라는 문자와 전화가 끊이질 않았다. 통장이 잡히면 자금 융통이 안 되기 때문에 아무것도 할 수 없다는 것은 알지만 이런 경험은 처음이었다. 말일이라 거래처에서는 입금이 계속되고 있었다. 돈이 들어오는 족족히 통장에 다 갇혀버렸다. 남은 거래처 분들에게 정지되지 않은 타 은행 계좌를 알려주고 회수할 수 있는 조금의 돈이라도 받을 수 있게 조치했다.

오후 8시가 지나니 전화벨도 안 울리고 직원들은 퇴근을 하고 나만 홀로 텅 빈 회사에 남았다. 무언가 모를 나쁜 기운이 나를 휘감고 가슴을 쪼이고 정신은 미칠 지경이 되고 나는 안절부절 어떻게 해야 하나 하고 멍하니 창문만 바라보았다. 그날은 더 이상 내가 할 수 있는 게 없는 듯했고 사무실을 나섰다. 집에 가도 나를 반겨주고 위로해줄 사람도 반려 견도 아무도 없다. 그냥 비참하고 슬펐다. 고향 친구가 일산에 살고 있는 데 중학교 때 친구다. 뚜렷한 색깔을 가진 친구다. 가장 활발하고 에너지 넘치고 누구보다 옷이든 신발이든 감각적이고 흐름을 앞서갔고 공부보 다는 늘 산만하고 무엇이든 행동을 먼저 했던 비범한 친구다.

얼마 전 회사 자금이 달려 급히 일수를 쓰고 있을 때 사정을 듣고 다음 날 바로 2천만 원을 선뜻 주면서 당장에 정리하라고 했던 친구다. 마침 전화하니 받았고 소주 한잔하러 일산으로 넘어갔다. 친구는 일산 원시 티에 살고 있었고 집 앞 족발집에서 한잔하게 되었다. 술이 좀 들어갈 줄 알았는데 둘이서 3병으로 끝내고 친구 집에서 맥주 한 잔 더 하기로 하 고 집으로 갔다. 다행히도 가족들은 외부에 있었다. 맥주를 마시면서 자 기 사업할 때 얘기를 해주었다. 잘 나가던 회사가 같이 동업하던 친구에 게 20억 사기를 당하고 모든 걸 빼기고 겨우 작은집 구해 이사하고 아무 것도 하지 못하고 6개월간 집에 누워만 있었다고 한다. 그 일로 신용불량 자가 되었고 가족들도 정상적인 생활을 할 수 없을 지경이었다고 한다. 별별 생각에 누워만 있다가 보니 한참 지나서야 가족이 눈에 들어왔다고 한다. 더 이상 이래선 안 되겠다는 생각에 다시 일어나서 무작정 무식하 게 그냥 보이는 가게면 막 치고 들어가서 영업했다고 한다.

그렇게 해서 몇 년이 지나 과거보다 5배 이상 부를 만들 수 있었다고 했다. 친구의 말은 도움이 되었지만 지금 발등에 불이 떨어진 건 나였기에 피부로 와 닿지는 않았다. 하지만 그 당시 시련을 완벽하게 이겨낸 당사자가 내 앞에서 얘기했기에 반드시 가능하다는 신념과 믿음이 생겼고 희망이 보였다. 지금도 그 친구와 가끔 통화하곤 한다. 항상 친구는 나의 안부를 묻고 잘 할 수 있을 거라는 응원을 해준다.

친구 집에서 하룻밤 신세를 진 다음날은 1월 1일 신정이었다. 주유하는데 카드가 안 되니 현금으로 주유를 하고 어제 마신 숙취와 함께 김포 집으로 향했다. 집에 오자 숙취가 몰려왔다. 나는 몸이 조금 힘들어 잠깐 잠을 청했다. 일어나 연휴가 지나면 지금의 상황을 어떻게 해야 할지 가장 첫 번째로 무엇을 해야 할지 생각했다. 미지급거래처 먼저 방문해 상황을 설명하고 지급 날짜를 늦춰 줄 수 있는지 양해를 구하고 각서나 공증을 요구하는 업체는 공증해주었다. 그렇게 몇 날 며칠 업체에 방문하느라 정신이 없는데 엎친 데 덮친 격으로 임대 기간 연장이 되지 않았다. 한 달 안에 창고를 비워주어야 하는 상황이었다.

댐에 뚫린 작은 구멍 하나가 일파만파 걷잡을 수 없을 정도의 심각한 상황으로 전개되었다. 너무 답답했지만 머리는 냉철하게, 행동은 과감하게. 일단 창고를 옮겨야 하니 핸드폰 연락처에 관련된 사람이 누가 있을까 생각하다가 전화를 돌리기 시작했다. 다들 어렵다는 말, 부정적인 말들만 들을 수 있었다. 그럼에도 불구하고 나는 반드시 좋은 방법이 생길 것이라 간절하게 믿었다. 다음날 전화가 왔다. 창고가 현재 비어 있는데 와서 보라고 했다. 전화를 받고 서둘러 창고로 달려갔다. 빈 창고가 내 눈에 들어왔다. 내 눈으로 보게 된 것이다. 일단 될지 안 될지는 모르지만 최종 확인이 필요하다 했다.

다음날 때마침 전화가 왔는데 가능하니까 사용하라고 했다. 기적이 일어났다. 상황이 발생하고 생각 정리하고 하나하나 직접 방문해 해결하고 협의하고 매 순간순간 반드시 해결할 수 있을 거야, 창고가 나타날 거야라고 믿고 간절히 원하고 바라니 나에게 기적 같은 선물을 주었다. 지금도 소개해준 이사님 허락해 준 대표님과도 연락하고 지내고 있다. 절실하고 간절한 마음으로 인해 원하는 것을 얻었을 때 느낌과 경험이 하나둘씩 쌓아간다면 끌어당김의 법칙과 우주의 비밀을 확신하고 살아갈 수 있을 것이다.

기적은 간절히 원하는 사람에게만 우주가 주는 선물이다. 아주 단순한 원리와 법칙이지만 인정하고 꾸준히 우리의 삶을 살아가기를 바란다.

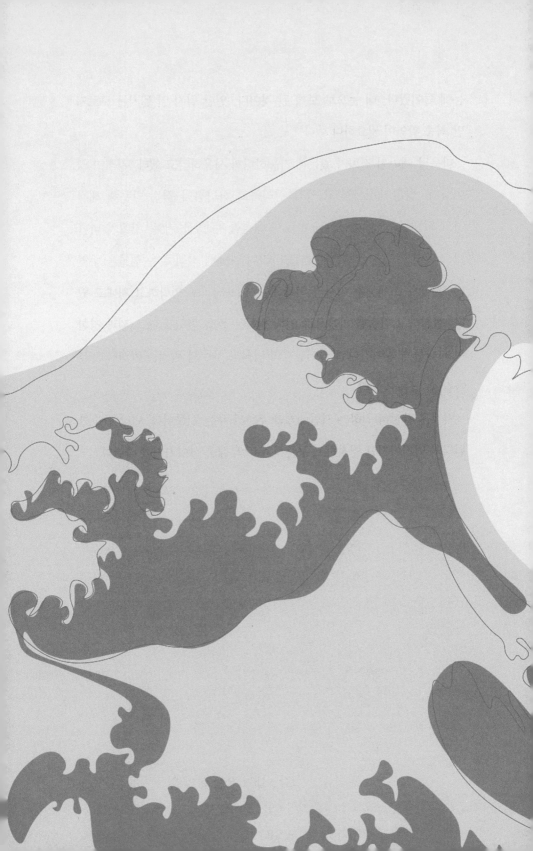

믿음은 한 번에 내 마음에 자리 잡지는 않는다는 것을 명심해라. 시간을 들여 반복적인 생각과 몰입이 기반되어 상황을 체험하고 그 횟수가 쌓여갈 때 믿음이 생기는 것이다.

UNSTOPPABLE

2장

지금
아니면
할 수 없다

01 사랑하는 어머니

어제 점심 식사 후 어머니의 전화를 받았다. 여느 때와 같이 "우리 아들…" 하면서 말씀 하셨다. 나는 어머니의 목소리를 듣자마자 아주 좋은 감을 느꼈다. 목소리에 힘이 넘치고 아주 명랑한 음색이었다. 순간 놀라웠다. 어머니 목소리가 60세라 해도 손색없는 활력을 느꼈다. 80세를 목전에 둔 목소리라고 믿기지 않았다. 설 명절 때 뵙고 왔지만 그때와 비교할 수 없을 정도로 완벽히 달랐다. 순간 너무 기뻤고 무슨 기운인지 모르지만 잔잔한 호수에 파도치듯 소리 없이 밀려왔다.

사실 어머니께서 전화를 주신 것은 약 처방 때문이다. 정신건강의학과에서 신경 안정제를 처방받아 매달 한 번 담당 과장님 소견을 듣고 대리 처방을 한다. 병원 내 약제실을 통해 수령 후 우체국 택배로 시골집으로 발송한다. 처방전은 당사자가 방문해야 하나 그렇지 못한 경우 대리처방을 할 수 있다. 접수처에 방문자, 보호자 신분증과 가족관계증명서 한 통을 제출하면 되고 유효기간은 1년이다. 1년 후 연장할 때는 보호자 신분증만으로 기간연장 가능하다.

어머니는 벌써 5년째 신경 안정제를 드시고 계신다. 담당 의사 진단은 노인성 우울증이다. 2018년 추석 연휴를 끝내고 서울로 올라오려고 하는데 어머니는 안절부절 한 상태로 아들인 나를 따라 서울로 가겠다고 했다. 표정은 미간을 찡그린 인상에 광대뼈가 들어 날 정도의 헬쑥한 얼굴. 나는 눈치를 채고 어머니 소지품과 가방만 들고 도망치듯 서울을 향했다. 하루가 멀다고 위 통증 전문병원을 검색해서 방문 상담했다. 약 처방받고 그때만 잠시 통증에서 벗어나는 듯했고 매시간 위 통증을 호소했고, 다행히도 사업을 하고 있어 시간을 자유롭게 낼 수 있었다. 미혼이라 눈치 볼 사람도 없었기에 수시로 병원을 갈 수 있었고, 답답함을 호소할 때는 드라이브도 하고 한강이 보이는 맛집에서 식사를 같이 했었다.

나는 이렇게 해서라도 어머니께서 조금이라도 심적 안정을 찾으시길 바랐다. 하지만 낮에는 병원을 편하게 갈 수 있지만 늦은 저녁이나 새벽에 고통을 호소하면 어떻게 할 방법이 없었다. 응급실로 급하게 모시고 가서 링거를 맞고 안정이 되면 집으로 돌아왔다. 쉬는 것도 잠시 잠도 못 주무시고 뜬 눈으로 앓기만 하시다 밤을 지새웠다. 고통을 나눌 수 없다는 내가 너무 원망스럽고 왠지 죄스럽기까지 했다. 또 통증이 시작되어 병원을 찾아갔고 급기야 입원을 하게 되었는데 하루 만에 전화가 왔다. 집으로 가야겠다고, 환자들 코고는 소리에 견딜 수가 없다고 뜬눈으로 밤을 새웠다고 했다. 역시나 집에 오자마자 얼마 지나지 않아 더 심한 통증을 호소하면서 죽을 것 같다는 말씀을 하셔서 너무 안타깝고 속으로 눈물을 흘렸다.

재입원을 하고 조금 안정이 된 것 같았다. 병원을 방문한 그날 어머니 앞 침대에 계시던 분은 퇴원 준비를 하고 있었다. 어머니를 살갑게 챙겨주기도 하시고, 따뜻하고 긍정적인 말씀을 많이 해주셨다. 힘내시라고 손을 꼭 잡고 퇴원하시면 꼭 다시 보자고 연락처를 주고받았다. 옷깃만 스쳐도 인연이라고 그렇게 잠깐 입원했을 때 3일 보았는데 2018년 이후 현재까지 연락도 자주 하시고 때가 되면 서로 먹을 것도 선물하면서 연락을 이어 나가고 계신다. 사랑은 다양하다. 부모 자식, 친구, 남녀, 이웃 나와 관계된 사람은 모두가 소중한 사람이다.

사랑에 울기도 하지만 사랑에 웃는 일이 더 많다. 우리가 사는 세상은 사랑으로 넘쳐난다.

어머니께 사랑을 나눠주셨던 귀한 분이 5년이 지난 지금도 변함없이 연락하고 사랑의 마음을 전하고 있다. 사랑은 위대하다. 어디서 어떻게 다가올지 아무도 모른다. 하지만 분명한 것은 보이지 않는다. 항상 내 옆에 공기처럼 살아 숨 쉬고 있다는 것을 나는 알고 믿고 있다. 어머님의 건강한 목소리에 아들은 오늘도 힘들어도 이겨낼 수 있는 기운을 받는다.

너무나 기쁜 소식은 어머니 몸무게가 1kg 늘었다고 했다. 맑고 건강한 목소리에 살도 1kg 늘었다고 하니 얼마나 기분이 좋은 일인지 아주 소름이 돋을 정도의 맑은 진동이 밀려온 듯했다. 요즘은 건강하시다. 하루하루가 너무 재밌고 즐겁다고 하신다.

"저는 우주님께 감사드립니다." 반드시 좋아질 거라 믿고 움직였기에 어머님께서 건강한 모습을 찾았다고 생각한다. 당사자인 어머님 본인이 가장 고통스럽고 힘들었지만 포기하지 않으시고 간절하게 믿고 기도하셨기에 행복한 나날을 보낼 수 있다.

보이지 않는 사랑의 힘들이 모이면 기적을 만들 수 있고 자신을 믿었기에 행복을 누릴 수 있는 현실을 만날 수 있는 것이다. 모태 불교신자인 나는 등산을 할 때도 사찰을 잠시 들러 기도한다. 사업 초기에는 동이 트는 새벽녘 홀로 무언가에 이끌려 산을 찾았고 사찰을 들러 108배하고 번

뇌를 씻어내고 극복할 수 있는 힘을 구하고 바랐다. 사람이 지치고 힘들면 사랑도 할 수 없고 줄 수도 없다.

하지만 몇 달 전 나는 예전과 다름을 느낄 정도로 독서에 많은 시간을 투자했다. 나이에 따라서 생각의 문 열림이 다른 건 아닐까 생각했다. 조금 영향력은 있을 것이다. 길을 가다가도 하찮게 여기는 풀뿌리, 돌멩이에 걸려 넘어져도 배울 게 있고, 세상 물정 모르는 어린아이에게도 배울 것이 있고, 지나가는 거지에게도 배울 것이 있다고 했다.

사랑의 마음이 없다면 과연 배움을 생각할 수 없을 것이다. 앞서 언급했듯이 사랑은 공기처럼 우주 어디든 존재한다. 사랑은 공기와 같다. 사랑을 호흡하면 삶의 질이 달라지고 사랑을 전한다는 것 또한 우주의 만물들이 받아드려 아름다움을 만들어 낼 것이라고 믿어 의심하지 않는다.

오늘 아침 나는 팀장으로부터 업무보고를 받았는데 긴급구호 물품을 해외로 발송 관련 견적 문의 요청 받았다고 한다. 튀르키예로 가는 구호 물품이라는 걸 알았다. 직원에게 전했다. 우리 회사도 구호활동에 동참하자고 하고 무상으로 수출 포장을 해주기로 거래처에게 전달했다. 큰 도움이 될지는 모르겠지만 세계는 하나, 우리는 하나가 되어 작은 사랑을 나누어 줄 수 있다면 현실이 너무나 괴롭고 아프고 힘든 상황이지만 작은 힘을 보태 극복할 수 있도록 도움이 될 수 있다는 것을 알고 있다.

사랑은 받을 때 보다 줄 때가 더 행복하고 보람이 된다. 자신에게도 사랑을 먼저 줘야만 내가 행복할 수 있고 내 기분이 좋아지면 또한 나를 둘러싼 모든 사람에게 좋은 영향력을 줄 수 있을 것이다.

우리가 살아가면서 긍정의 단어를 선택하는 것은 아주 중요하다. 시작은 생각에서부터 감정을 만들어 행동으로 옮겨 현실로 구현한다. 예쁜 말을 선택하면 예쁜 표정과 목소리 그리고 행동으로 일치한다. 신기하다 이것은 원리이고 법칙인 것이다. 어떤 느낌이냐면 요즘 들어 더 확고하게 확신이 든다. 다시 말해서 좋은 말은 좋은 일을 부르고, 나쁜 말은 나쁜 행동으로 이어진다. 좋고 나쁨이 중요하진 않다. 잠재력은 구분 없이 만들어 낸다. 우리가 이 원리를 알고 실천한다면 인생을 즐기면서 윤택한 생활을 하고 원하는 모든 것을 얻어가면서 살아갈 수 있다. 나에게 일어나고 있는 일이다.

인간은 모든 것을 창조할 수 있다. 수없이 많은 반복과 연습과 훈련이 필요하다. 원리를 이해하지만 뼈를 깎는 인고의 시간과 노력 없이는 절대 가질 수도 만들 수도 없다.

02 감사의 아침 루틴

아침 기상 시간 6시. 눈을 뜨면 바로 일어나지 않는다. 30초에서 1분 정도 의식이 돌아올 때까지 기다렸다가 급하지 않게 서서히 침대에 걸터 앉는다. 조명은 켜지 않고 어두운 방의 상태를 유지하면서 양손을 악수하듯 맞잡고 명상에 들어간다. 1분 정도 아무생각 없이 호흡만 한다. 그러면 코가 뚫리는 느낌 혈액 속에 공기가 순환하는 느낌을 받는다. 그리고 다시 1분 정도 "감사합니다."라는 말로 입을 떼기 시작한다. 감사합니다. 오늘 살아 있게 해주셔서 감사합니다. 발가락 발목 무릎 허리 신체 부위를 손으로 지정해 가면서 고맙다는 말을 우주님에게 전하고 다시 1분은 오늘 일정을 그린다. 그렇게 하고 나면 마음이 안정됨을 느끼고 아침의 시작이 남다를 것이다. 처음엔 1분을 정할 필요가 없다. 10초도 좋으니 기도하듯이 그냥 매일 해보면서 하루하루 시간을 늘려가고 감사의 말도 점점 늘어갈 것이다. 어색하다고 조급해 마라! 돈 드는 일은 아니다.

3분 후 일어나서 침대 정리를 하고 창문을 열어 환기를 시킨다. 거실로 이동해서 맨손체조를 한다. 국민체조, 우리 때는 등교 후 운동장 조회를 할 때 국민체조로 몸을 풀고 수업 시작했었다.

어릴 적에 했던 거라 잊어먹은 줄 알았는데 몸이 기억하는 것이었다.

국민체조를 끝내면 아침식사 준비를 하고 작은방으로 이동 책꽂이의 책을 훑어보고 느낌이 가는 책을 꺼내 그냥 펼쳐본다. 페이지의 보이는 문장을 그냥 본다. 부담 없이 펼쳐서 그냥 단어나 글자에 집중을 하고 있으면 눈동자가 움직이기 시작한다. 동체 신경이 알아서 인식하고 다음 글자를 보고 싶어 한다. 알고 있는 글자는 빨리 이동할 것이고 새로운 단어는 속도를 조절해 가면서 다시 천천히 집중한다. 이렇게 반복하다 보면 어느새 한 페이지를 읽어나가게 된다. 장르는 상관은 없지만 자기계발서나 동기부여, 메모 기술 읽기 쉬운 책들은 이미 알고 있는 내용들이 겹치고 단어표현은 다르나 의미는 비슷하고 그래서 쉽게 읽을 수도 있고 부담 없이 한 문장만 읽어도 좋다. 기분이 좋아진다면 매일 같은 루틴으로 해보면 몸도 가벼워지고 머리도 개운해진다.

삼성생명 법인팀장 형님이 있다. 신기하게도 제가 사업을 시작했을 때 우연히 전화연락이 와서 지금까지도 인연을 이어오고 있다. 회사 운영이 어려워 급전이 필요할 때 여기저기 돈을 빌리러 다녔다. 누구에게도 돈을 빌릴 수가 없었는데 형님께서는 전화 통화가 끝나자마자 통장으로 천만 원을 선뜻 보내주었다. 간신히 급한 불을 끄고 지나갔다. 매달 100만 원씩 갚았다. 그런데 예상치 않은 상황으로 회사가 폐업되고 정상적인 송금을 할 수 없게 되었다. 난처한 상황을 만들게 되어 형수님께 계속 핀잔을 듣고 부부싸움까지 하게 만들었다. 너무 죄송스럽고 드릴 말씀이 없었다. 현실은 나 자신이 겨우 살아가고 있는 상황 갚을 능력이 되지 못했다. 어느 날 사무실로 찾아와서는 빌려 간 돈은 갚지 마라. 없는 돈이라고 생각하면 된다고 말씀을 했다. 사업하다 보면 누구나 겪을 수 있는 일이니까 포기하지 말고 꼭 이겨낼 수 있을 거라고 오히려 용기와 희망을 주었다.

　감사하다는 말씀을 전하고 시간이 좀 더 걸릴지라도 반드시 갚을 거라고 말씀드렸다.

　가끔 전화 안부를 묻고 요즘은 어떠니 하시며 내가 동기부여 할 수 있도록 힘이 되는 말씀을 항상 아낌없이 해주신다.

　돈 있으면 좋고, 없으면 좋지 않은 상황을 만들 수 있다. 돈이 인생의 전부는 아니지만 살아가는 수단이다. 불행한 일이 있으면 잘 해결이 될 것이고, 여행을 가고 싶을 때 언제나 갈 수 있고 먹고 싶은 거, 입고 싶은 거, 사고 싶은 것을 가질 수 있고 시간의 자유와 경제적 풍요를 누릴 수 있는 현실을 만들어준다. 그렇다고 돈이 없다고 해서 불행한 것은 아니다. 오히려 돈이 많아도 마음이 가난한 부자보다 돈은 없지만 가난해도 사랑이 넘치는 마음부자가 더 나을 수도 있다.

삶을 살아가는 데 가장 소중한 의미는 건강하게 서로 정을 주고 사랑하며 웃음이 가득한 삶을 함께 더불어 살아갈 수 있는 사람들이 주위에 많다는 것이다. 행운이고 너무나 감사한 일이다. 세상 만물 어느 하나 소중하지 않은 것은 없다. 생명이 있는 동식물이든 생명이 없는 사물이든 돌멩이든, 테이블 의자든 보이지 않는 공기도 모두가 자신의 역할을 하면서 움직이고 머물러 있다. 우리가 살아가는 데 너무 소중한 것이다.

사람들은 소중함의 최우선을 가족이라고 생각한다. 힘들 때 기쁠 때 가족들과 함께 기뻐하고 견디기 힘들고 슬픈 일이 있을 때 서로 나누고 항상 서로를 지켜주고 사랑해주는 존재가 가족이다. 세상에 하나뿐인 가족이 있는 반면 가족이 다 행복한 것은 아니다. 가족 중에도 누군가 아프거나 폭력으로 불안한 삶을 산다거나 사업을 하다 망해서 식구들이 다들 흩어져 살거나 이런 상황이면 친구보다도 이웃사촌보다 못한 가족이 되는 것이다.

인간은 누구나 소중한 생명체이고 사랑받을 권리도 있고 행복한 삶을 누릴 자유도 있다. 하지만 가족이 구성될 때는 나의 의지로 되지는 않는 것이다.

삶을 소중하게 생각하고 행복하게 살아갈 수 있는 출발점은 바로 나 자신부터 시작이 되어야 한다. 내가 행복해야 가족이 평화로울 수 있다. 행복의 순서는 가족이 아니라 나부터라는 것을 절대 잊지 말았으면 할 것이다. 행복은 누가 만들어줄 수 없다. 누군가가 행복을 주는 상황을 만들어주어도 지금 나의 기분이 좋은 상태의 감정이 아니라면 절대 나는 행복할 수 없다.

내가 느끼지 못하고 내가 만들지 못하는 행복은 나의 행복이 절대 될 수 없다. 나로 시작해서 가족들 이웃사촌 학교에 가면 친구들 직장에 동료들에게 행복이 전해질 것이다. "웃으면 복이 온다."라는 말이 있다. 내가 먼저 웃을 수 있다는 것은 내가 행복하기 때문에 웃을 수 있는 것이다. 내가 먼저 미소 짓고 인사하면 인사를 받는 사람 역시 미소를 지으면서 반겨 준다. 예를 들어 회사 출근해서 김 대리 좋은 일 있나 봐요? 피부에 빛이 난다고 말을 던지며 미소를 지으면 칭찬의 말이 절로 나오고 함께 웃는다. 회사 분위기가 좋아져서 일도 잘 풀리고 일을 잘하니 능력을 인정받아 진급도 하고 급여도 인상되고 이 모든 것이 나로부터 시작된 일이다. 나를 소중하게 생각하고 세상 만물을 사랑할 수 있다면 살아가는 데 좋은 일이 수없이 많이 생길 것이다.

일주에 하루는 소중한 것의 리스트를 작성한 다음 생물이든 무생물이든 소중한 목록 리스트의 대상에게 감사의 짧은 말을 전하는 시간을 가져보아라. 고마워 소파야. 항상 그 자리에 있어줘서, 나를 편하게 앉아 쉴 수 있게 해줘서. 반려견 뽀삐야 나랑 함께 시간을 보내고 놀아줘 고마워. 이런 식으로 감사하고 고마움의 표현을 가끔 한다면 더욱더 편하게 살 수 있고 반려견과 교감도 더 생겨 서로 더 아끼고 사랑하면 행복해질 수 있으면 삶의 질이 높아져 윤택한 인생을 살 수 있을 것이다.

실패는 삶을 살아가는 데 가장 소중한 의미를 부여해 줄 수 있다. 실패 없이 성공하는 사람은 없다. 실패의 크기를 떠나 인간은 실수와 실패를 하고 살아가는 게 당연하다. 당사자인 나의 실패가 가장 힘들고 고통스럽다고만 한다. 실패는 남녀노소를 막론하고 다 괴로움을 동반한 좌절감을 느낄 수밖에 없다. 실패도 실수도 반복적으로 하면 같은 상황을 만들지 않기 위해서 자가면역 관리 시스템이 만들어진다. 죽을 만큼 고통스럽고 약했던 마음은 실패에 대한 자가면역 관리 시스템이 가동해서 심리적으로 철통보안 할 수 있게 되고 더욱 강한 정신과 목표설정 관리 시스템이 업그레이드되어 어떻게 살아갈 것인지 목표를 세울 수 있게 된다.

03 예상치 못한 일에 감사하라

오늘은 흐린 토요일. 매일 같은 루틴으로 기상, 명상, 창문을 열고 침대 정리를 했다. 구름 끼고 조금 어두운 밖의 날씨 얼굴에 부딪치는 공기는 춥지는 않지만 좀 차가운 느낌이었다. 늦은 아침을 먹고 독서하고 메모지에 생각이 움직이는 대로 막 적어나가기 시작했다. 한 대목을 읽고 기록했다. 왠지 모르게 책상에 앉으니 책 읽기 글쓰기도 편하고 책만 보이니까 책을 읽게 되고 메모를 할 수밖에 없는 환경을 만들 수 있다.

나의 책방에는 언어, 역사, 동기부여, 자기 계발 서적이 대략 200권은 된다. 이제까지 몇 권인지 전혀 관심이 없었는데 서울 생활 20년 동안 적어도 매년 10권은 구매를 한 거 같다. 꼼꼼히 읽지는 않았다. 책 제목이 마음에 들면 첫 페이지 목차를 훑어보고 그중에 또 느낌이 가는 소제목이 있다면 그 페이지를 찾아서 읽어 내려가다가 마음에 드는 문구가 눈에 들어오면 과감히 구매한다. 인생을 살면서 책을 완벽하게 읽은 적은 많지 않다. 위에 언급한 것처럼 포인트나 말하고자 하는 요점이나 의도만 보고 상상하기 시작한다. 그러면 책 한 권을 읽은 거와 같은 느낌을 받는다.

이렇게 읽으면 저자가 말하는 중요한 의미를 놓치는 경우가 분명히 생길 것이다. 하지만 이제까지 책을 놓지 않을 수 있었던 이유는 바로 여기에 있다. 관심이 생겨 흥미와 재미를 경험한다면 비로소 집중하고 싶은 분야의 서적을 심층적으로 연구하고 공부한다. 새로운 것을 창조하고 원하는 것을 얻을 수 있는 방법을 분명히 찾아낼 수 있다.

오늘 『다빈치가 그린 생각의 연금술』이라는 책을 읽었다. 사진이 군데군데 삽입이 되어 있기에 부담 없이 읽기에 좋았다. 글씨를 보다가 사진을 한 번씩 보면 시각 전환이 되므로 눈의 피로가 덜 하고 그림을 보고 생각하는 시간을 가질 수도 있다. 『일거양득』, 『도랑 치고 가재 잡고』 책방에 있는 책 중에 편하게 읽을 수 있고 유익함을 얻을 수 있었던 책 중 하나다.

목차 중에 2장 「생각을 키우기 위한 닥치는 대로」라는 챕터에서 본 내용 중 "레오나르도 다빈치처럼 닥치는 대로 '왜'를 외쳐라."는 페이지를 읽게 되었다. "왜"라는 말은 의문사다. 궁금한 내용과 정보를 알아내기 위한 표현이다. 우리는 성장하면서 주입식교육에 수동적인 환경에 최소 19년은 노출이 되어 살았다. 집에서 부모님, 학교에서 선생님, 틀 안에서 살아왔다. 안정적이고 안전한 상태를 유지하기를 원해서일 것이다. 그들도 그렇게 대물림으로 살아왔기 때문에 그 누군가도 "왜"라는 말을 입 밖으로 내지 못했을 것이다.

시대적 환경과 문화가 역사가 그렇게 만들었을 영향이 크다. 쇄국정책, 사대부, 권위주의, 봉건주의 등 대한민국의 민주주의는 1990년 이후 국제적으로 완전한 자유민주주의 국가로 인정받았다. 어른들은 "왜"라는 질문을 하지 않는다. 그래서 상대방의 의사나 생각을 알 수 없고 대화가 이어지지 않고 끝나는 경우가 허다하다.

예를 들어 밥상머리 예절에 대해서 말하자면 1980년 유아 시절 시골 할아버지 댁에 가면 식사를 할 때면 할아버지 나를 포함한 남자들 밥상과 할머니를 비롯한 여자들 밥상은 분리해서 식사했었다. 식사 예절 밥상에 수저는 짝을 잘 맞춰서 앉는 자리에 반드시 정렬해야 하고 제일 어른이신 할아버지가 식사를 시작하면 밥을 먹는 게 예의였다. 할아버지 할머니를 제외한 그 누구도 대화를 하지 않는다. 누구든 대답만 하고 입 안에 음식을 넣고 말하는 것은 소위 천민들이 하는 짓이고 복 달아나니 예의에 어긋나는 행동은 하지 말라고 하셨다.

어린아이는 진실을 알고 말한다. 그래서 왜라는 질문은 남녀노소를 막론하고 말을 걸고 답을 찾으려 하는 것이다. 책 내용 중 "천재는 어린아이와 같다.", "세상의 진실을 보려고 한다.", "내용보다는 그 현상 뒤에 놓인 본질을 볼 수 있다."라고 하는 문구가 있다. 대부분 사람들은 왜라는 말을 한다는 것은 상대방에게 도전하는 것처럼 받아들인다. 상황에 따라 기분이 나쁠 수도 있다. 이런 글을 쓰는 나조차도 왜라는 질문을 많이 하지 않는다. 하지만 늦지 않았다.

생각의 문이 열리고 우주를 이해하고 배우고 깨우치려는 마음가짐이 있다면, 진실을 반드시 알아내고 누구나 세상을 살아가는데 창조적인 일들을 만들어 갈 수 있을 것이다. 선인들은 우리의 삶에 많은 교훈과 도움을 준 아주 소중한 분들이다. 인간은 서로가 서로에게 소중한 존재로 살아남기를 희망하면서 살아간다. 본능적으로 인간은 부정적인 생각과 행동을 하려고 한다. 본능적 자기 보호시스템을 가동시킨다. 그럼에도 교육과 배움 경험을 통해 부정을 극복하려는 의지가 탁월하므로 서로에게 소중함을 전하면서 살아가는 것이다.

2022년 11월 예상치 못한 일이 나에게 일어났다. 절대 생각지도 못 한 일이 연달아 발생했고 처음엔 화만 났다. 걱정도 되고 주말 저녁이었다. 처음 일어난 일은 밤 12시무렵 차에서 핸드폰을 충전하는 중 일어났다.

갑작스런 과전류로 핸드폰 메인보드가 파손되어 모든 데이터가 삭제된 것이다. 하지만 서비스센터는 기기보상만 가능하다고 했다. 할 수 없이 포렌식 업체에 복구를 요청해야 했다. 그리고 연이은 아파트 보일러 파손과 교체. 세상은 생각지도 못한 일들이 시공간에서 함께 한다. 보이지 않는 앞으로 일어날 현상들, 우리는 실패 하면서 생각한다. 왜 그랬을까? 하지만 우리가 알아야 할 것은 나한테만 이런 일이 생겨서 '나는 운이 좋지 않다.' 이런 생각을 하는 것은 살아가는 데 1도 도움이 되지 않는다는 것을 알아야 한다.

실패와 나쁜 일이 생겼다면 감사해야 한다. 이제 좋은 일만 생길 것이다. 그렇게 희망을 가지면 된다. "감사합니다!"라고 외치고 뇌에 각인시키는 것이 좋을 것이다. 실패를 통해서 우리는 통찰력과 혜안을 가질 수 있는 자동 시스템을 뇌를 통해서 세포에 주입할 것이고 그 능력은 계속 성장할 것이다.

여러분 이렇게 한번 해보라. 실패와 실수의 연속 나쁜 일이 자주 생길 때 '조금만 더 힘든 시련과 고통을 주십시오. 실수하게 되어 감사합니다. 실패하게 되어 고맙습니다.' 극도로 괴롭고 강한 자극을 이겨낸다면 우리에게 상상도 하지 못한 행운이 반드시 올 것이다. 지금 그렇게 고통스럽던 나날들이 바람처럼 물 흐르듯 흘러가고 있다는 것이다.

호흡하고, 절대 긍정으로 받아들이면 안정적인 정신 상태를 유지할 수 있을 것이다.

울타리와 들판 억압과 자유. 지금 이 네 단어가 의미하는 것은 말 그대로 답답하고, 고통스럽고 평온하고 끝이 없는 무한한 상태이다. 이렇게 단순히 단어 선택만 잘해도 우리는 건강한 삶을 살아갈 수 있다. 선인들에게 인류문명을 창조해주시고 자리 잡게 해주신 것에 대한 감사를 드린다. 원시시대의 단순한 생활을 물질적 경제적 기술적으로 토대를 마련하고 성장시키고 지구 세계를 구원했다. 이제 후대에서는 선인들의 물려주신 물리 과학 철학적 이론과 정보를 발판 삼아 우주로 향하고 있다.

상상은 현실로 행동은 결과로 생각은 잠재의식에서 나라는 존재는 아주 작은 원자에너지이다. 보이지 않는 미립자로 시작이다. 우리 몸의 에너지원은 음식, 물과 온도, 산소를 공급하면 원격적으로 세포를 생성하고 주파수와 진동에 반응하고 이끌림, 생각한다는 것은 진동을 발산하는 것이고 손가락 팔, 다리 눈동자 모든 육체는 전자 시스템에 의해 움직이게 되어 있다. 부작용과 오류는 충분히 발생할 수 있다.

세상 이치를 알려주고 우주와 내 안의 깊은 울림을 선물해준 소중한 존재들에게 경이로움을 표한다. 지금부터 부정의 단어는 삭제하고 목표와 승리를 향한 선택과 집중에 몰입이 필요하다.

04 육신을 사랑하라

서울 생활 24년차 결혼보다는 연애가 어울리는 사람이다. 사람과 어울림을 좋아하고 웃음과 재미 함께 공감하고 아껴준다는 것을 원초적으로 좋아한다. 어머님의 성향을 물려받은 거 같다. 시골에 계시는 어머니와 요즘은 이틀에 한 번은 통화를 한다. 통화를 할 때면 일상을 늘어놓으신다. 오늘 친구 집에 가서 칼국수를 먹었네, 추어탕 먹었네, 화투 치고 아귀찜 시켜 먹었다. 음식을 해서 나눠 주셨네, 여기저기서 놀러 오라고 수시로 전화하고 주위 사람들이 하루가 멀다고 집으로 놀러 오라고 하신다고 했다. 사람들이 왜 이렇게 당신한테 잘해주는지 모르겠다고 말씀하신다. 하지만 어머니는 아마도 그 이유를 알고 있을 것이다.

'인과응보' 좋은 일은 좋은 일로 풀리고, 나쁜 일은 나쁜 결과로 나타
난다는 말이다. 모든 일에는 원인과 결과가 반드시 있다.

어머니께서는 넉넉한 살림은 아니었지만, 내가 꼬맹이일 때 수시로 사
람들을 집으로 초대해서 같이 음식을 먹고 웃고 함께 지내는 모습을 보
여주셨다. 나이 많으신 분들을 보면 그냥 지나치지 않고 항상 부축해주
시고 짐도 들어드리고 주위 분들에게는 항상 먼저 인사를 하셨다. 그때
당시 가난했다. 그럼에도 불구하고 형편이 어려운 이모들을 집으로 불러
밥을 꼭 챙겨주고 칭찬과 격려를 아끼지 않았다. 어머니는 어릴 적부터
나에게 삶의 모범을 보여주셨다. 인사를 하고 남녀노소를 막론하고 본인
의 역량으로 도움을 주고 사랑을 나눠주고 행하는 모습이 결국에 선순환
으로 되돌아온 것이다. 부모는 자식의 거울이다.

초등학교 기억이 나는 일화가 하나가 있다. 그날은 경찰서 가는 날이었
다. 경찰서에서 어머니께 연락이 가고 어머니는 깜짝 놀라서 간이 콩알
만해지고 심장은 쿵쾅쿵쾅 걱정이 이만저만 아니었다고 하셨다. 항상 바
르게 생활하고 예의를 중요시하는 어머님께서 경찰서에서 전화를 받았
다는 것은 수치스러운 일이었다. 경찰서에서 연락이 간 것은 다름 아니라

막내 아들에게 표창을 하려고 전화를 했다고 했다. 어떻게 된 일이냐 하면 길 가던 중 길거리에 돈이 떨어져 있는 걸 보고 돈을 주웠을 때 돈 잃은 사람의 심정을 먼저 생각했던 거 같다. 그때 당시 형편으로는 만 원이면 큰 돈이다. '견물생심'이라고 물건을 보면 욕심이 생긴다는 말인데 그때는 돈에 대한 욕심이 없었다. 아마도 돈을 몰라서 그런 것이었다.

나는 만 원을 경찰서로 가져갔다. 그리고 '길에서 주웠는데 주인을 찾아 주세요.'라고 말했다. 며칠 뒤 부모님께 전화가 갔고 표창을 하려고 한다는 전화가 온 것이다. 저는 경찰서에서 준비한 공책과 연필을 받았고 어머니는 너무나 기뻐하셨다. 같이 일하는 동료들도 너무나 기특하고 훌륭하다고 칭찬을 아낌없이 해주셨다. 행복했던 일화였다.

인간은 너무나 귀하고 신비롭고 무한한 능력의 생명체인 거 같다. 기억에 묻혀 있던 일을 글로 써 내려가는 순간순간에도 새로운 단어가 하나하나 떠오르는 걸 보면 인간의 뇌는 정말 알 수 없는 신비하고 위대한 우주와도 같다. 이 모든 것이 책을 읽고 내 생각을 메모하고 다시 상상하고 기록하고 연구하고 새로운 것을 창조하려고 노력하니 생각이 꼬리에 꼬리를 물고 떠오른다. 감각이 보통 사람들의 10배 100배 이상을 할 수 있을 거 같은 시그널을 주고 있다는 것을 느낀다.

생각의 벽을 넘어 주저 없이 실행한다면 새로운 세계가 무한대로 만들어질 것이라는 확신과 신념을 가져야 한다.

그 이후로 나는 말할 것 없이 예의를 중요시하는 사람이 되었고, 어머니 또한 가족들도 주위 분들에게 더욱더 위상이 올라갔고 이웃 사람들의 평판도 좋았다. 고기도 먹어본 놈이 먹는다고 칭찬도 자주 받고 행복하니 좋은 일을 자연스럽게 하게 되는 것 같다. 사랑의 힘은 대단하다.

누군가가 누구에게 끊임없는 관심과 마음을 전달함으로써 그 사람은 영향을 받아 아주 건강한 정신과 탄탄한 마음 근력이 생겨나 우리가 삶을 살아가는 데 큰 힘이 되어준다.

TV 방영 프로그램 중 40년 전 라이트급 복싱선수 김득구라는 선수가 방송에 나왔다. 체육관 한쪽 구석에서 남다르게 줄넘기를 끊임없이 하고, 하루도 빠짐없이 운동을 했다. 가난한 시절 가난을 극복하기 위해서 엄청난 연습을 통해 동양 챔피언이 되었다. 해외 원정 경기를 위해서 라스베이거스 특설링에서 레이 맨시니라는 세계 챔피언과 타이틀 경기를 하게 되었다.

압도적으로 패할 거라 예상했던 상황과는 반대로 김득구 선수는 아주 대등한 경기를 펼치고 있었고 감동이었다. 그때 당시 80년대면 시대적으로 국위선양한 진정한 애국자의 모습이었다. 국가를 대표해서 불모지인 미국 땅에서 몸과 주먹 하나만으로 처절하게 싸우는 모습은 정말 대단하고 존경스러운 일이었다. 그런데 김득구 선수는 경기 중 사망을 하게 되었다. 승리는 거두지 못했지만 국가를 위해서 어머니를 위해서 혼신의 힘을 다 쏟아 부었다. 자신이나 타이틀을 위함이 아니라 진정으로 국가와 어머니를 사랑했기에 목숨도 두려워하지 않았다. 인터뷰에서 그의 어머니는 나라를 위해서 잘 싸워주어서 고맙고 장하다고 했다. 어머니의 사랑이 세계를 감동시킨 훌륭한 선수를 만들었던 것이다.

사랑은 어떤 고난이 와도 버터 낼 수 있고 극복할 수 있는 강력한 힘을 만들어준다. 사람들은 인생을 살아가는 데 어떠냐는 질문을 받으면 힘들다, 그저 그렇다, 그냥 사는 거지 뭐, 재미없다, 별로라는 말을 한다. 이런 말을 들을 때 안타깝다. 힘드니까 힘들다고 하는 것이 당연하다. 왜 그렇게 부정적이냐 설득하고 이해를 시킨다는 것은 쉽지 않다. 하지만 가능성은 충분하다는 것이다.

활기찬 얼굴의 에너지 넘치는 사람은 인생이 재밌고, 하고 싶은 일이 너무 많은데 시간과 체력이 안 된다고 한다. 그만큼 열정적으로 살고 있다 보니 하루하루 소홀히 할 수 없다는 것이다. 이런 말이 있다. "믿음, 소망, 사랑 그중에 제일은 사랑이래."

사랑은 우리를 숨 쉴 수 있게 하는 산소와 같다. 우리가 잊고 있는 게 하나 있다. 내가 행복하고 재미있는 삶을 살려면 먼저 나를 사랑하고, 입을 통해서 나오는 말은 반드시 밝고 긍정적인 단어들이어야 한다. 여러 가지 이유를 댄다 ~해서, ~ 때문에, ~없어서 이렇게 탓을 하고 산다. 끊임없이 부정을 얘기한다. 우리는 힘들게 살려고 태어난 것은 아니다. 자신을 돌아볼 시간을 지금 당장이라도 가져야 한다. 정신을 차려야 한다. 도움을 줄 수 있는 무언가를 만나야 한다. 좋은 사람을 만나거나, 좋은 책을 만나거나 잠시 호흡을 하고 생각하는 시간을 가져봤으면 한다.

희망을 가져라! 우선 자신을 사랑할 수 있는 시간을 마련해 보라. 잠자기 전, 일어난 후 자신에게 낮은 목소리로 "오늘 수고했다." 일어나며 "잘 잤니? 오늘 좋은 일 많이 생길거야."라고 자아에게 기분 좋은 목소리로 전하면 마음이 평온해지고 기분이 변화되는 것을 조금씩 느낄 것이다. "첫 술에 배부르냐."라는 옛말은 단번에 이룰 수 있는 건 없다는 뜻이다. 그렇다. 세상만사 내 뜻대로 되는 것은 없지만 한 계단 한 계단 밟아가다 보면 어느새 정상을 정복하게 될 것이다.

사랑의 시작은 자신이다. 내가 나를 사랑해야 만이 타인을 사랑할 수 있는 용기가 생긴다. 나를 사랑하고 타인을 사랑하게 될 때 세상을 바라보는 방향은 즐겁고 따뜻함만 보일 것이다. 잘못된 것에 이유와 남 탓을 하지 않게 될 것이고 자연스럽게 삶의 가치를 느끼고 건강하고 탄력 있는 인생을 살아갈 것이다.

사랑을 비웃지 말라, 사랑 앞에 무릎 꿇을 줄 알아야 하고, 사랑이 인생의 전부여야 한다.

05 다 잃어도 나는 절대 잃지 마라

우리 동네에 맛집이 하나 있는데 해장국집이다. 얼마나 맛있냐 하면 말로 표현하기 어렵다. 미사어구를 동원해 표현하자면 국물의 맑고 시원함은 강원도 홍천 을수골 계곡 1급수와 같고 쫀득쫀득한 천엽과 탱글탱글한 선홍빛의 선지도 기가 막히다. 직접 와서 한 숟갈을 뜨면 깊이 있는 맛을 느낄 것이다.

대부분 술을 좋아하는 사람들은 해장국을 다음날 속을 풀기 위해서 많이들 먹는다. 북어해장국, 콩나물해장국, 선지해장국 가장 많이들 찾는 해장국이다. 전주, 양평 이렇게 지역과 원조해장국 간판을 걸고 속이 쓰린 애주가들을 위해서 새벽부터 늦은 밤까지 손님을 받는다. 아마도 국가대표급 해장국이 되지 않을까? 누구든지 나를 찾아오신다면 인생최고의 맛집 선지해장국을 대접해 줄 것이다. 장담하는데 절대 여기 해장국맛은 쉽게 흉내 낼 수 없을 것이다. 맑고 깨끗하고 한결같음은 사장님의음식을 대접하는 마음과 같다. 사람들 사이에 술이라는 친구도 같이하게된다. 김 사장님, 이 전무님, 그리고 소주님, 맥주님 이렇게 친하게 지낸다.

골프를 무지 좋아했었다. 새벽 골프는 시원한 바람을 맞으며 산 내음을 마시고 푸른 잔디를 밟아가며 조경이 잘된 소나무와 연못가를 감싸고있는 향나무 단풍나무 너무나 안락하고 예쁜 환경을 만날 수 있는 운동이다. GOLF "GREEN, OXYGEN, LIGHT, FRIEND." 친구와 따사로운오후 햇살을 맞으며 푸른 잔디와 맑은 공기를 호흡하면서 할 수 있는 스포츠이다.

골프에 입문하고 흔히들 말하는 사업매출 증대를 위해 거래처와 접대골프 라운딩을 많이 했다. 회사가 잘되니 준비 없이 그냥 믿고 내일도 한달 후에도 매출이 늘어나겠지 자금이 문제없이 들어오겠지. 이제야 대운이 들어오는구나 싶었고 성공에 취해서 하루하루를 보냈다. 그땐 하루건너 한 번씩 필드를 다녔었고, 음주 가무에 능했고 방탕한 생활을 몇 해동안 쭉 했었다. 시간과 돈과 건강을 잃고 사업마저도 좋지 않은 상황으로 흘러가고 지금 생각해보면 그때는 너무 어리석은 삶을 살았다. 후회는 바보들이 하는 것이고 실패자들이 하는 것이다. 나는 실패하는 법을 알고 있다. 누구든 저를 찾아오면 실패하는 법을 꼭 집어 알려줄 수 있다. 실패는 두려운 것이다. 실패하지 않고는 두려워할 필요가 없다.

막상 닥치면 엄청나게 강한 압박과 두려움, 걱정, 괴로움. 인간이 느낄 수 있는 나쁜 감정을 고스란히 나의 머리와 가슴으로 여과 없이 받아들여야 한다. 죽고 싶은 생각이 여러 차례 반복이 되고 미칠 것 같은 정신은 이러다 정신병자가 되는 건 아닐까 하는 불안감을 매일 혼자 느끼며 생활하게 되었다. 숨 쉴 때마다 편두통으로 뇌를 자극하곤 했다.

가장 힘든 건 누군가에 대한 죄책감이다. 이것은 나를 스스로 죽이고 싶은 마음이라 할 수 있다. 사랑하는 사람과도 헤어져야 한다. 상대방을 위해서는 모든 것을 내려놓아야 한다. 모든 것을 잃을 준비를 해야 한다. 하지만 무엇보다 단 한 가지 잃지 말아야 하는 것은 자기 자신이다. 자아만 버리지 않는다면 다시 일어설 여지가 반드시 있다.

실패는 내가 하는 것이 아니다. 실패는 내 마음이 하는 것이다. 그러므로 내 마음을 온전히 변화시키는 것이 중요하다. 극도로 강한 훈련과 멘탈을 위한 독서와 명상을 100일 이상은 해야만 세포도 명령에 대해 인식하고 새로운 세포분열로 강한 체력과 강력한 정신적 근력이 만들어질 수 있는 것이다.

성공을 이루는 것은 나의 몫이다. 예를 들어 패키지여행을 간다고 했을 때 가이드의 안내하는 경로로 움직이고 관광하고 물건을 사는 경우가 대부분이다. 하지만 가이드는 말 그대로 가이드를 해줄 뿐 관광하고 물건을 사는 것은 나의 눈으로 몸으로 해야 하는 나의 몫이 된다. 가이드 안내로 여행을 다녀온 후의 느낌은 아! 거기 가봤지. 그것! 먹어봤지! 누구나 가는 곳 누구나 하는 것에 뿐 찐한 감동은 없다. 내가 보는 것이 내가 느끼는 것이지 안내자가 느낌을 대신 느낄 수는 없는 것이다.

진정한 여행은 자유여행이다. 가이드가 없는 자유여행은 제한이 없기에 자유롭지만 다소 두려움을 등에 업은 상황에서 길을 떠난다. 30대 초 무전여행을 떠났다. 여기서 무전여행은 원거리 지역을 이동할 때 대중교통으로 이동하고 최소 비용으로 혼자 떠난 여행이었다. 목적지는 목포를 거쳐 진도 그리고 부산으로 가는 것이었다. 배낭 하나를 메고 목포행 기차를 타고 목포역 도착 걸어서 목포 버스터미널을 찾아 진도행 버스를 타고 진도대교를 지나서 진도 버스터미널에서 하차하여 충무공 이순신 장군 동상이 있는 곳까지 걸어서 가기로 했다. 생각보다는 먼 듯해서 지나가는 차를 히치하이킹 해서 차를 얻어 타고 이순신 장군 동상까지 갔다. 시골이라 그런지 진도분들이 순박하고 정이 많고 친절했다. 이순신 장군 동상을 바라보고 기운을 받고 다시 길을 떠났다. 저녁 무렵이 다 되어 이제 숙식할 수 있는 곳을 찾아보았다. 길을 가다 또 한 번 히치

하이킹을 했고 그분들에게 가까운 절이 있으면 데려다 달라고 했고 안내해 주었다.

금골사라는 절에서 하룻밤을 청했는데 스님께서 흔쾌히 응해주셨고 저녁식사도 같이했으며 편안한 잠자리도 챙겨주셨다. 절 뒤로 병풍처럼 바위산이 절을 감싸는 형세였다. 아름다운 절이었다. 아침에 일찍 일어나 금골사 정상을 올라가 보니 앞이 탁 트인 것이 그때 당시의 고민했던 것들을 한순간에 날려버리는 듯 속이 뻥 뚫리듯 근심이 해결되는 느낌이었다.

인간의 기억 인간의 뇌는 끝이 없는 무한한 공간이다. 요즘 나는 독서를 하고 글을 쓰다 보니 생각지도 못한 기억들이 나의 열 손가락으로 흘러나오는 것을 느끼고 있다. 우리는 예쁜 기억을 저장해야 할 것이다. 언제든 행복했던 기억을 꺼낼 수 있다면 삶의 원동력이 될 수도 있다. 그리고 기억을 한 숟가락씩 섞어 상상을 더 하면 사랑하는 사람들과 더 나은 인생을 만들어 갈 수 있다.

술은 사랑이다. 미치도록 좋으면 서로에게 넘치도록 사랑을 따른다. 만나서 과음하고 헤어진 다음 날 눈을 뜨면 너무나 속이 쓰리고 고통스러워한다. 서로의 안부를 해장하면서 반주로 화해한다.

나는 애주가였었다. 거래처를 만나 점심을 먹거나 저녁 식사할 때 반주를 하곤 했다. 강요는 하지 않는다는 원칙으로 서로 동의가 이루어졌을 때만 가능했다. 술이라는 음식은 위로와 용기와 즐거움을 주는 아주 좋은 음식이다. 잘못 먹고 부작용이 생겼을 때는 좋지 않은 상황을 만들고 인생을 피폐하게 살아갈 수도 있다.

선과 악이 공존하는 술 배움과 절제가 동반된다면 아주 훌륭한 음식이다. 사람들은 중요한 날 소중한 선물을 한다. 아주 귀하고 비싼 술을 선물하기도 한다. 가격도 천차만별로 있다. 흔히 마시는 소주, 맥주, 와인, 코냑, 위스키 등 초고가의 술이 있다.

우리가 상상하는 이상의 시간과 정성을 들여서 만들어지는 것이다. 예술작품이라고 할 수 있다. 술은 예술이다. 사랑도 예술이다. 사랑은 사랑하는 사람에게만 줄 수 있는 보이지 않는 예술작품이고 사랑을 받을 수 있는 마음의 준비가 된 사람은 예술작품을 볼 수 있을 것이다.

사랑을 할 때는 아주 깊이 있고 수십 년 발효된 술처럼 향과 맛이 좋은 상태이다. 그러므로 사랑하는 그대와 영원히 잊히지 않는 사랑의 온도를 유지할 수 있을 것이다. 사랑을 느끼게 하는 것은 호르몬이다. 우리는 사랑의 묘약을 옥시토신이라고 한다.

옥시토신은 행복한 기분, 긍정적 사고, 스트레스 완화, 모성 반응, 성적 호감의 기능을 한다. 호르몬 분비는 어떻게 일어나는 것일까? 부모의 유전 살아온 환경, 건강 상태, 교육상태 물리적, 환경적으로 보고, 듣고, 느끼고, 반복적으로 유아기부터 체화시켰다면 호르몬 분비와 활성화는 반응이 달라질 수 있다. 음식 섭취를 잘하고, 규칙적 운동을 하고, 건강한 사고를 하고, 교육을 통한 가치와 교양을 쌓아간다면 좋은 호르몬 분비는 당연할 것이다.

인간은 본성이 부정적인 동물이다. 행동과 반대로 생각하려고 하고 규칙적인 생활을 싫어하고, 귀찮음을 좋아하고, 불규칙과 귀찮음을 유아기부터 간접 경험을 하고, 지저분한 환경을 보고, 거칠고 불안정한 말투를 듣고 성장했다면 우리의 뇌신경은 온전히 올바른 명령을 내리지 못할 것이다. 그렇다면 사랑이라는 감정을 느낄 수는 있지만 잘못된 사랑을 할 수도 있다. 사람은 영악한 동물이다. 나를 속여 상대방을 안심시키고 최선을 다해 사랑을 하지만 익숙해진 상태로 돌입하면 집착과 구속 질투를 하게 되고 점점 더 심각할 정도로 변하게 되고 끝으로 가면 갈수록 악마가 될 수 있다.

사랑하는 사람에게 사랑이란 말로써 바라고, 기대하고, 집착하고, 애쓰고, 구속한다. 그것은 진정한 사랑이 될 수 없다. 너 스스로 쓰레기가 되어가고 있다는 것을 잊지 마라.

06 맑고 순수하게

보통 사무직에 있는 사람들은 어쩌다 한번 경험해 봤을 것 같은 종이에 손가락을 베었던 기억이 있을 것이다. 얼마 전 서류 출력을 하고 분류 작업을 하려는 찰나에 얇은 A4지 한 장에 그만 엄지손가락을 베었다. 베인 손가락이 피가 마치 샘물이 솟아나듯 금세 엄지손가락을 감싼 휴지를 타고 흘러내렸다. 생각보다 조금 넓고 깊게 베인 것 같다. 조금 지나자 상처 부위가 공기와 접촉하니 따끔따끔했다. 지금 생각해도 느끼고 싶지 않은 손가락 베이는 느낌. 희한하게도 그 순간 종이에 베이는 쓱~하는 소리를 들었다는 것이다. 소리는 마찰이다.

아프다는 것은 육체가 외부적인 자극으로 상처가 생겨 아플 수 있고, 눈엔 보이지 않지만 사랑의 아픔은 심장이 말라가는 듯 수시로 가슴앓이를 한다는 것이다.

20살 야간대학교 다닐 때 나는 낮에는 카센터 정비, 세차하고 저녁엔 야간수업을 했다. 나는 스피드와 스릴을 좋아했기에 오토바이를 타고 등교했다. 아르바이트를 마치면 퇴근 시간과 겹쳐 러시아워가 심한 시간 때라 첫 수업 시간 맞추기는 오토바이가 최고의 이동 수단이었다.

그 당시 세차의 신이라고까지 들었다. 자동세차기 지금은 차가 움직인다. 과거의 기기는 대부분 세차기가 움직였다. 그래서 세차기 내 라인 정렬이 잘 되어야 차량 표면에 흠을 줄일 수 있다. 세차할 차량이 들어오면 세차기에 바퀴 정렬은 나의 몫이다. 원샷원킬이었다. 진입하면 한 번에 정확하게 정렬하기 때문에 감각이 상당히 좋았던 시절이었다. 자동세차기에서 차량을 빼서 물기 제거를 위해 장소를 이동한다. 2인 1조 파트너로 세차했다. 파트너와 손발이 잘 맞았기에 한 대당 세차 끝내는 시간이 10분 컷이었다. 간간히 팁은 물론이고 단골들이 많아졌다. 세차 손님 없을 때는 카센터로 이동해서 정비를 도와주고, 어깨너머 배우다가 세차보다는 정비에 비중이 더 커지게 되었다.

나는 자동차 정비 2급 자격증, 포크레인 면허, 2종 소형 면허가 있다. 고3 수능시험을 마치고 졸업 전 남은 시간에 자동차 정비 2급 자격증을 획득했고 그래서 자격증과 관련된 아르바이트를 하게 되었다. 그 당시 형편이 넉넉지 않았기 때문에 야간대학을 선택했고 수능점수가 형편이 없었다. 공부랑 담을 쌓고 살았기에 당연한 결과였다. 다행히 힘든 형편임에도 불구하고 입학금은 부모께서 보태주셨고 그래서 학교를 다닐 수 있게 되었다. 부모님께 너무나 고맙고 감사드린다.

입학 면접 때 만난 여인이 있었다. 바로 앞 면접번호였고 면접을 동시에 보았다. 순백의 맑고 깨끗한 꾸밈없는 단정한 긴 머리와 옷차림 살짝 웃으면 너무나 환하고 따뜻한 얼굴의 여인이었다. 워낙에 수능성적이 낮아 합격을 할 수 있을까 체념하고 부담 없이 가볍게 면접을 보았다. 얼마 후 입학금 용지를 받고 편안한 마음으로 첫 강의 시간 강의실을 찾아 들어갔다. 늦어서 자리가 없었다. 어쩔 수 없이 맨 앞자리가 비어 머리를 푹 숙이고 자리에 앉게 되었다. 이게 뭔 일인가! 고개를 살짝 돌렸는데 면접 때 본 그 친구가 옆에 앉아 있는 것이다. 너무 반가웠고 그래도 한 번 본 인연이라 안도감이 들었다. 그때와 같이 살짝 미소를 지어 보이고 목례를 하는데 뭔지 모를 느낌이 올라왔다. 역시나 수업이 끝나고 그 친구가 먼저 아는 척을 했다. 그 후로 수업내용도 많이 알려주었고, 많이 가까워졌다. 항상 차분하게 예의 바른 행동과 볼 빨간 수줍은 미소를 항상 보였다. 그녀는 알고 보니 과 수석으로 들어온 친구였고, 낮에는 시청에서 근무하고 야학한다고 했다. 그냥 올바름이라는 수식어를 붙여도 손색이 없을 정도였다.

어느 날 또 강의 시간이 지나 늦게 들어갔는데 자리가 없어 맨 앞자리로 갈 수밖에 없었다. 역시나 모범생은 다른가보다 항상 그 자리 맨 앞자리를 고수하고 있었다. 얼마 지나지 않아 쉬는 시간이 되었고 그 친구는 내게 다가와 큼지막한 검정 봉지를 전해주었다. 뭐냐고 물어봤는데 직접 보라고 했다. 봉지를 들춰 보니 헬멧이었다. 내게 선물을 준 것이다. 헬멧을 안 쓰고 오토바이를 타는 것을 알고 내게 선물을 해준 것이었다. 걱정해주는 그의 마음씨가 너무 예쁘고 좋았다.

그런데 친구 중 유일하게 오토바이 뒷자리에 태워주지 않은 친구였다. 썸을 잠깐 타다가 나는 다른 친구에게 눈이 갔다. 사실 너무나 바르고 착하고 예의 바른 친구지만 그때는 느낌상 나와는 어울리지 않는 모범생이었다. 화려하고 활발한 친구들이 눈에 들어왔었다. 알고 보면 진정 나를 아껴준 친구인데 그때는 몰라봤었다. 헬멧을 선물해주려고 가방보다 큰 검은 봉지를 들고 수업에 들어왔다는 건 정말 대단하고 수줍음이 많은 그 친구 성격상 할 수 없는 일인데 나는 그녀의 시그널을 알아차리지 못했었다. 지금은 어떻게 어디서 살고 있는지 잘 살고 있을 것이다.

SBS 나이트라인 12시 40분 뉴스에서 앵커가 한 이야기다. "배반을 한다는 것은 먼저 자신을 속이는 것이다. 배반을 당하는 것은 너무 아픈 일이다. 하지만 배반을 하면 비참한 인생을 맞이할 수 있다." 실패는 매일 아프다. 하지만 시간이 지나면 살이 돋아나 굳은살이 베이고 그 부위는 점점 강해질 수 있다. 포기를 한다는 것은 비참한 인생을 확신하는 것이다.

07 기다려라 태양은 뜨고 있다

아르바이트하는 서른된 친구가 있다. 벌써 2년 가까이 함께 아르바이트를 해주고 있는 잘생긴 외모에 훤칠한 186cm 예의 바르고, 순수한 친구다. 그리고 작곡을 하는 크리에이터이다. 멋짐을 다 갖춘 친구다. 간간히 점심을 같이 먹고 난 후 커피를 몇 잔 사서 직원들에게도 챙겨준다. 커피 하나가 약소하고 별거 아니다 할 수 있겠지만 그런 생각은 오산이다. 아르바이트비가 많지 않음에도 불구하고 간간히 커피를 사줄 수 있는 마음가짐은 훌륭하다. 어떻게 보면 세상 물정을 잘 모르는 것 같기도 하고 일의 능숙함 노하우가 부족한 듯하나 근성 있게 천천히 밀고 나가는 뚝

심은 확실히 있다. 그런 모습을 보는 난 또 한 번 배우게 되는 것이다.

우리나라 매미는 5년을 땅속 유충으로 살다가 성충이 되어 세상을 보고 7일만 살다 간다고 한다. 살아 있는 동안은 목이 터지도록 구애를 하고 짝을 만나 종족본능을 치른 후 생을 마감한다. 매미에 따라 차이가 있는데 땅속에서 5, 7, 13, 17년 인고의 시간을 보낸다고 한다. 정말 놀랍고 대단한 생명체이다. 미 서부 지방 매미는 17년을 땅속에서 유충으로 살다. 그제야 세상을 본다고 하니 세상을 보는 시간은 고작 7일인데 너무 억울할 거 같다. 세상에 나오기 전에는 매미의 흔적은 아무도 알아볼 수 없다. 하지만 한번 세상에 나오면 떠들썩하게 온 동네를 자신의 울림통으로 구애의 노래를 한다.

꿈을 가진 사람은 인고할 줄 알아야만 세상에 자신을 펼쳐 보일 수 있다는 것을 매미를 보며 배운다. 내가 원하는 꿈이 있다면 참고 인내하고 기다릴 줄 아는 굳센 의지가 반드시 내재 되어 있어야 한다. 지금 성과가 없다고 실망하지 마라. 하루하루 견디는 것도 성장하는 것이니 세상 밖을 볼 준비를 철저히 하는 것이 옳은 일이다. 바로 이것이 세상의 이치인 것을 절대 잊어서는 안 된다.

사업이 급속히 번창하고 매달 쏙쏙 돈이 통장으로 들어왔다. 여행이

나, 운동하고 싶을 때 그냥 하면 되었다. 매일 구름 위를 둥둥 떠다니는 세상 무서울 것 없었다. 거칠 것 없고 아침에 눈을 떠도 저녁에 눈을 감아도 최고의 하루하루였고 내 삶의 가장 행복했던 순간들의 연속이었다. 물질만능주의 돈과 시간의 여유가 행복한 순간을 만들어주었지만 진정한 행복이 아니었던 것이었다. 마음은 허했고 욕망으로 가득한 몸집은 점점 커 가고 있었다.

사실 요즘 너무나 행복하다 책을 읽고, 글을 쓰고, 조깅하고, 명상하니 세상을 다 가진 듯 물질로 채워진 행복이 아니라 잠재의식 안에 긍정으로 채워진 평온하고 묵직한 진동이 더욱더 강력한 에너지를 생산하는 감정이 내 안에 자리 잡고 있다.

살아오면서 많은 인연을 맺고 때로는 끊고 다시 만들어 가고 반복해 왔다. 마치 둥근 대관람차처럼 사람은 바뀌어 가겠지만 계속 삶을 반복하고 회전하며 살아가고 있다. 나는 새로움을 좋아한다. 새로운 사람, 새로운 장소, 새로운 물건을 다루거나 만났을 때가 너무 행복하다. 새로움은 생명을 만드는 것이다. 새로움을 경험하면 세포는 분열하게 되어있다. 많은 에너지를 응집해서 상상하지 못한 것을 만들기 때문에 행복한 감정을 느끼게 된다.

아직 나에게 다가올 세상의 가장 행복한 일들은 무한히 남아 있을 거라 확신한다. 내게 일어나는 모든 일 나쁜 일이든, 돈 문제, 사람 문제,

가족 문제, 건강 문제, 연애 문제 이 또한 지나갈 것이다. 제발 염려는 하되 걱정은 하지 마라. 걱정은 걱정을 만들고 우리의 신경세포를 파괴하고 반복적이면 정신이 망가지고 육체가 허약해진다. 그러면 그 자리에 주저앉게 된다.

생각은 감정을 만들고 감정은 기분을 좌우한다. 시작은 말투가 될 수 있고, 행동이 될 수 있고, 부드럽게 말하느냐, 과격하게 표현하느냐에 결정된다. 우리의 자율신경은 급속 불안정하게 되며 혈압이 올라가고 심리 상태가 불안해지게 될 것이다.

평소 자율신경을 안정화하는 방법은 명상과 호흡법을 익혀 꾸준히 하면 반드시 좋아진다. 요즘에 와서 명상과 호흡을 통해서 흥분하는 경우가 거의 없다. 어떤 상황에서도 침착을 유지하게 되었고, 사람을 대하는 자세도 조금씩 교양을 갖추어 가고 있다는 것이다.

상황이 어렵고 힘들고, 경제적으로 괴롭더라도, 운이 없더라도, 내일의 걱정거리가 뇌 속을 파고들어 와도 몸이 무겁고 피로할 때 눈을 잠시 감고 길고 큰 호흡을 코로 흡입하고 호흡의 이동 경로를 생각하며 작은 목소리로 얘기한다. 기도를 지나 배꼽 아래 3cm 단전으로 호흡을 모으고 모을 때의 느낌은 풍선에 바람을 불어 넣듯 아랫배가 볼록 나오는 느낌이 좋다. 호흡을 뱉을 때는 천천히 길게 온몸에 힘을 온전히 빼듯 함께 호흡을 뱉으면 좋을 것이다. 처음 시작할 때 호흡을 완벽하게 할 필요는 없다. 자연스럽게 평소 호흡하듯 하다 보면 어느새 본인만의 편안한 호흡법을 만들어 가게 된다. 영혼의 근력은 명상이다.

우리는 삶의 목적이 무엇인지 가치 있는 인생을 살고 있는지 매 순간 생각할 필요가 있다.

어떻게 살고 싶냐고 물어보면 사람들은 한 목소리로 행복한 인생을 살고 싶다고 말을 한다. 서로가 서로에게 에너지를 줄 수 있도록 올바른 마음가짐과 자세를 가짐으로써 행복한 인생을 함께 살아가야 한다.

나는 특히 강조하는 것이 있다. 근력운동과 조깅이다. 그리고 독서와 메모 내가 입 밖으로 내뱉은 말을 다짐하고 꼭 실행해서 성취하는 모습을 그리기 위함이다. 매일 30분 조깅하고 규칙적인 습관을 가질 수 있다면 정신적인 건강 문제는 절대적으로 이겨낼 수 있다.

몸에 마비가 온 사람도 매일 같이 뛰는 이유를 알아야 한다. 지금 당장 움직여라, 눈을 뜨면 바로 조깅에 돌입하라. 그럼 30분 후 바로 행복을 느낄 수 있는 호르몬이 생겨날 것이다.

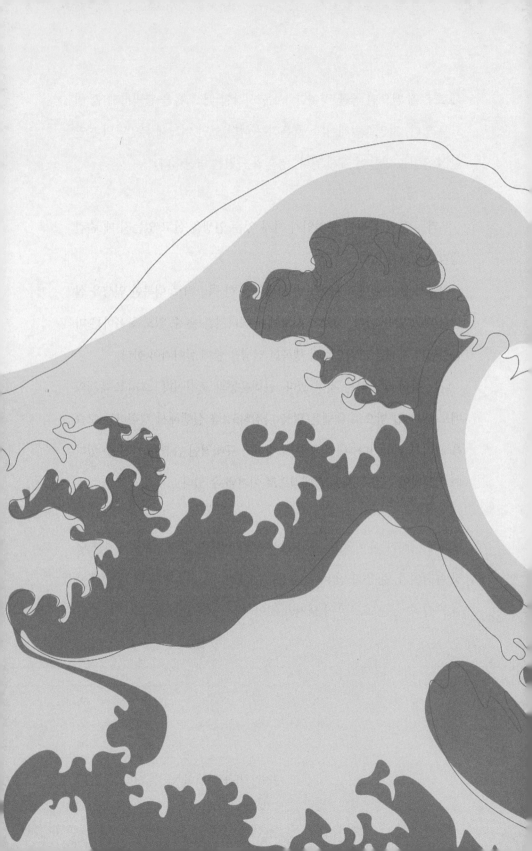

사랑하는 사람에게 말로써 사랑을 바라고, 기대하고, 집착하고, 애쓰고, 구속한다. 그것은 진정한 사랑이 될 수 없다. 너 스스로 쓰레기가 되어가고 있다는 것을 잊지 마라.

UNSTOPPABLE

3장

내 생각이
내 운명을
바꾼다

01 반복은 깨달음과 창조를 만든다

지구의 현재 모습은 러시아 우크라이나전쟁으로 인해 사망자, 부상자 피해는 엄청나고 전쟁의 현실을 고스란히 경험한 국민들의 정신적, 육체적, 경제적인 부분은 이루 말할 수 없을 것이다. 방송을 통해 본 것은 소름 돋는 아비규환의 모습이었다.

더군다나 21세기에 총포를 동원한 전쟁이라니, 전쟁영화의 한 장면이 었으면 하는 안타까운 생각을 해봤다. 튀르키예 대지진은 많은 사망자, 이재민을 발생시켰지만, 전 세계의 도움이 손길이 끊이지 않는 모습이 감동이었다.

형제의 나라 터키는 한국전쟁이 발발했을 때 망설임 없이 젊은 군인들은 6.25 전쟁 당시 참전을 위해 한국에 파견했다. 터키라는 국명은 2022년 6월 3일 국명변경 요청후 6월 24일 외교부에서 국호를 튀르키예 공화국으로 약칭 튀르키예로 사용하기를 권했다.

전자는 전쟁으로 서로의 생명을 앗아가고, 후자는 자연의 힘으로 생명을 빼앗아 가고 있다. 한쪽은 생명을 해하며 리더의 욕망을 표출하고, 다른 한쪽은 사람을 살리려고 희생하고 감동을 보여주고 있다. 동시대 비참한 모습과 감동적인 모습이 공존하고 있다. 우주 만물 신이 주신 우리의 생명 신의 선물이다. 세포에서 유아기, 청소년, 성인 되면 인간의 저 깊은 곳에 묻혀 있던 부정의 본능 나쁜 욕망이 발현되어 아픈 현실을 스스로 만들게 된다. 신은 우리에게 선물을 공평하게 주었다.

세상 만물은 선과 악, 남과 여, 플러스와 마이너스, 앞면과 뒷면, 좋음과 나쁨 그리고 전쟁과 평화 같은 공간에서 조화롭고 질서 있게 공존을 할 수 있게 설계를 한 것이다.

인간은 사고를 하는 동물이고 욕망이라는 거대한 불기둥의 잠재적 에너지를 품고 있고 인류의 창조를 끊임없이 하는 가운데 희생과 평화는 진동과 주파수 이동으로 순환이 되어 가는 것이다. 모든 인간은 선과 악을 가지고 태어났다. 선을 악이라 칭할 수도 있다. 동물이나 식물도 하나라고 볼 수 있다. 늦가을 나뭇잎이 계절의 변화로 말라가고 바람이 불어서 낙엽이 되고 바닥에 흙과 한 몸이 되어 비가 내리고 온도 차에 의해서 부패가 된다. 부패를 증폭시키는 미생물이 발생 되고 밀림을 누비는 동물들의 에너지원이 되고 동물들은 사냥이나 자기보다 덩치 큰 동물들에게 잡아먹힌다. 남은 사체들은 흙과 뒤섞여 나무의 거름이 되어 따뜻한 봄이 되면 싹을 틔우고 나무에 열매는 인간이 섭취한다. 이렇게 동식물 자연은 한 몸이 되는 것이다. 그중 인간은 생각하는 고차원의 동물이다. 스스로 끊임없이 창조하는 본능적인 능력을 선물 받아 살아가고 있다.

어머니는 항상 나에게 말씀하신다. 사랑한다. 잘 먹고 운동도 열심히 하고 뭐니 뭐니 해도 돈보다는 건강이 최고다. 건강하면 뭐든 다 할 수 있다고 통화를 할 때마다 말씀하신다. 다섯 살 때 어머니께서 일하시는 성냥공장이 나의 놀이터였다. 유치원은 당연히 갈 수 없어서 어머니 일터 근처에서 항상 놀았다. 거기 성냥공장 사장님은 인상이 너무 좋으셨다. 윤기 나는 얼굴, 훤하게 벗겨진 머리, 볼록한 배를 내밀고 뒷짐지고 묵직하고 부드러운 음성의 카리스마 있는 말투를 가진 따뜻한 분이었다.

일을 마치고 오신 어머니께 내가 자주 했던 말이 있었다고 한다. 나도 크면 사장 될 거라고 입에 달고 다녔다고 한다. 심지어 슈트를 입고 배를 볼록하게 하고 뒷짐도 지고 비슷하게 흉내를 내고 그랬었다고 말해주셨다. 어릴 적에 나는 어머님께 내가 돈 많이 벌면 노인 복지센터를 만들어 드리겠다고 했다. 항상 어렵고 힘드신 분들에게 도움의 손길과 따뜻한 마음을 전하시는 어머니의 모습을 봐 왔기 때문이다. 특히 어르신들을 존경하시는 모습이 어쩌면 내가 바르게 생활할 수 있는 이유가 된 것이다.

지금도 목표는 변함없다. 머지않아 따뜻하고 양지바른 공기 좋고, 물 맑은 곳에 예쁜 복지센터를 만드는 것이 나의 꿈이다.

나는 늘 감사하다고, 건강한 육체와 맑은 정신을 물려주신 부모님께 감사하다는 말을 전한다. 신이 주신 어머님의 귀한 선물은 바로 나 자신이다. 우리는 너무나도 귀한 존재이기에 사랑하는 부모님의 몸을 통해서 세상의 빛을 볼 수 있는 기회를 얻은 것이다. 어른이 되어 가면 소중함을 느끼고 알아간다고 한다. 약해지고 겸손해지고 시련과 고통의 상황이 반복되면 스스로에게 찾아간다.

반복은 지루함이 아니라 새로운 깨달음을 주는 현상과 행동이다. 반복이 창조를 하는 원동력이다. 모든 만물은 인간의 창조물이다. 필요해서 만들고, 불편해서 만들고, 생명을 보존하고 연장하기 위해서 만들고, 인간이 할 수 있는 능력은 무한하다. 우리는 신의 존재를 있다, 없다고 정의하기는 쉽지 않을 것이다.

인간의 창조하는 능력은 신이 준 것이다. 실증할 수 있는 눈에 보이는 논리는 없는 것 같다. 신의 능력이 아니고서야 어찌 인간의 능력으로 불가 몇 백 년 만에 급속이 진화 성장할 수 있었나 하는 생각을 했다. 살아 있고 눈에 보이는 것만 믿어서는 안 될 것이다. 보이지 않는 힘과 능력은 무한공존하기에 우리 스스로가 어떤 마음으로 받아드리느냐가 중요할 것이다. 의식을 하느냐 의식하지 않느냐의 차이고 그것은 스스로 선택을 해야 한다.

신은 믿음에서 시작한다. 모든 인간은 생각과 사고와 행동이 다르다. 믿음의 차이가 다르다. 신의 대상은 본인의 선택이다. 예수님, 부처님, 그리스의 신, 무속신앙 모든 것은 인간의 길흉화복의 영향을 끼치는 초자연적인 능력의 소유자를 신이라 한다. 인간의 힘으로 해결할 수 없는 것을 신은 거뜬히 해결해 준다고 믿는 것이다. 신을 믿지 않는 사람도 많이 있다. 그래서 스스로 자기 자신을 믿는다. 자신 스스로가 신이 되고 믿고 행동하고 실천하는 사람들이 있다. 어떤 믿음도 다 통한다고, 효력이 발생할 것이다.

믿음이라는 것은 누군가에게 기대하고 바라는 것은 절대 아니다. 내 생각을 현실로 발현할 수 있게 연구와 실행이 끊임없이 반복될 때 비로소 믿음의 결과가 나온다.

기도를 하는 것도 실행이다. 보통 사람들은 간절하게 기도를 하지 않는다. 정성이 들어가지 않는 음식은 맛도 모양도 상태도 절대 좋은 모습으로 연출될 수 없다.

고인 물은 썩는다. 흐르는 물은 맑고 깨끗한 계곡을 만든다. 우리는 지

속적으로 사색을 하고 휴식을 취하고 운동과 이동을 하고 삶의 올바른

가치관을 만들며 살아간다.

02 오늘은 죽고 내일 다시 태어난다

머리를 조아린다. 오늘은 월말이라 머리를 조아리는 날이다. 거래처, 이해관계자들과 전화통화를 하면서 미지급금 연체 송금을 해줄 수 없는 매달 똑같은 상황이다. 통화를 하면서 죄송하다는 말과 함께 머리를 조아린다. "조금만 더 기다려 주십시오. 마지막으로 간곡히 부탁드립니다."

1년을 넘게 매달 같은 말을 반복한다. 경기침체 누구의 탓 무엇 때문에 그렇다는 이유는 이제 더 이상 하지 않는다. 월말이면 지옥이다. 어두운 지하 동굴 속 끝이 보이지 않는 그런 느낌, 너무나 힘들고 고통스럽다. 누구도 나를 손잡아 주지 않는다. 오직 나 스스로 일어나야 한다. 임대료, 공과금, 세금, 거래처 미지급금, 임금 어느 하나 당장 해결될 수 있는 건 없다. 눈덩이처럼 점점 덩어리가 커져만 가고 심리적 압박은 극에 달아 심장이 쪼그라드는 느낌이다.

한 번의 사업 대패 후 반성과 경험을 토대로 재기하기 위해서 다시 사업을 진행하고 있다. 현재는 과거보다 더 힘들다. 과거의 생활과 사고방식이 지금 더욱더 힘들게 만들어진 상황이다. 내 주위에 아무도 누구도 없다. 오롯이 나 혼자 해결해야 한다.

지금이 지옥 같은 생각이 든다. 내 마음이 약해졌나 보다. 지구 반대쪽 한 끼의 식사도 못 하고, 쓰레기통을 뒤져 끼니를 먹고 생명을 이어가는 사람도 있는데 그보다 형편이 좋은 나는 하루에도 수없이 많은 걱정과 압박으로 나를 괴롭히고 있다.

힘들 땐 좋았던 과거를 회상하고 얘기를 하곤 한다. 의미 없는 과거를 기억하고 있다. 과거는 나에게 천국이 아니었다. 천국을 과장한 지옥으로 가는 관문인 것을 나는 모르고 있었다. 모든 것이 즐겁고 행복해 보이고 욕망에 사로잡혀 하지 말아야 할 것들을 너무나 익숙하게 두려움 없이 반복하면서 살았다. 지금에서야 지옥이 뭔지 알게 된 거 같다.

불과 3개월, 나는 하나하나 어지러운 것을 치워가고 혼란스러운 것 정리해 가며 삐뚤어진 마음을 바르게 잡고 고독과 외로움을 즐기며 살고 있다. 빛과 어둠, 행복과 불행, 도전과 안정, 두려움과 자신감, 믿음과 불신, 웃음과 짜증, 사랑과 미움, 욕망과 절제 이 단어들은 천국과 지옥을 볼 수 있는 정반대어들이다.

아침이 되면 해가 뜨고 빛과 따뜻함은 행복을 느끼게 하고 도전적인 삶은 두려움을 없애고 자신감에 찬 태도와 자세를 가짐으로 항상 웃음이 번져 나올 것이며, 사랑하는 사람을 만 날 수 있는 기회가 마련될 것이다. 내 안에 사랑이 존재한다는 것은 천국으로 가는 계단이 될 것이다. 욕망과 지옥 사이 절제와 천국 사이 욕망이 과하게 넘치는 자는 지옥을 볼 것이고, 절제를 하는 자는 안정된 삶을 살아갈 것이다. 이것이 천국이다.

힘들다는 단어는 자동차 스마트키와 같다. 스위치를 누르는 순간 걱정과 괴로움의 시동이 걸린다. 역으로 행복하다는 단어의 스위치를 터치하는 순간 상상 이상의 빠른 속도로 가볍고 안정적인 심리상태를 만들어줄 것이다.

내가 지금 글을 쓸 수 있고 이 자리에 있을 수 있는 것은 평소 좋은 단어의 선택과 집중을 할 수 있게끔 훈련하고 있기 때문이다. 상냥한 말과 예쁜 단어를 쓰는 것은 감정을 움직이게 하고 기분을 좋게 만들고 행복으로 변화시키고 하루를 보람되게 사랑하는 사람에게는 사랑으로 발전하게 될 것이다.

내 안에 천국은 항시 대기 내가 부르면 언제든 튀어나올 수 있다. 내 안에 행복한 감정을 하나하나 쌓아간다면 그곳이 나의 천국이다. 연세 많으신 부모님들은 이런 말을 간간이 하신다. 나는 이제 곧 죽어도 여한이 없다고 하신다. 들을 때는 대개 섭섭하다. 하지만 당신 스스로 알고들 계신 것이다. 순리를 받아들이고 이치를 깨우친 것이다.

내려놓으면 가벼워지고 비우면 채울 게 많아지고 바라지 않으면 집착하지 않을 것이다. 처절하게 바닥을 기고 끝없이 시련이 닥쳐올 때도 찰나를 바람처럼 스쳐 보낸다면 감정만큼은 안정이 된다. 편안한 감정이 생길 때 계획을 세우고 실행해야 비운 것을 채울 수 있다. 모든 것을 대할 때 여유와 잘못한 것에 대한 관대함도 가질 수 있을 것이다.

누군가 "잠을 자러 침대에 가는 것은 죽는 것이다."라고 했다. 그렇다면 아침에 일어나는 것은 다시 태어나는 것이다. 우리는 매일 같이 죽고 다시 태어난다. 삶과 죽음을 겸허히 받아들이는 연습이다. 우린 언젠가는 죽는다는 사실 조금씩 죽어가고 있는 것이다. 삶과 죽음에 대한 이해와 인정은 한결 살아가는데 많은 것을 바라볼 수 있는 기회를 주고 가치 있는 삶을 추구하려 할 것이다.

삶을 바라보는 시야를 확대하고 인정하고 원리와 원칙 이치와 법칙을 하나씩 알아간다면 진정한 행복의 가치를 얻어낼 수 있을 것이다.

천국과 지옥은 문지방 한 발자국 차이로 들락날락 하는 것이다. 마냥 행복하고 갖고 싶은 거, 원하는 것, 먹고 싶은 거, 입고 싶은 거 다 해봤다 하더라도 누군가와 이해관계가 불편한 상황이라면 당장은 심리적 압박으로 지옥에 온 듯, 그 짧은 시간 좋지 않은 감정으로 나를 괴롭힌다. 몇 분이 지나면 혼란스러운 감정이 사라지고 서서히 마음의 안정이 찾아올 것이고 그것이 마음의 천국을 가져다주는 것이다.

03 좋은 곳으로 떠나보내다

야학은 낮에는 일하고 밤에 학구열이 불타는 직장인들이 대부분이다. 밤과 낮의 차이일 뿐 낮에 수업하는 학생들이 하는 일정은 거의 다 한다. 축제, 체육대회 할 건 다 한다. 주간 학부보다 더 열정적이고 적극적으로 참여한다. 야간수업 때문에 MT는 평일은 어렵고 주말 시간에 갈 수 있다. 야유회의 성격이 더 크다.

직장인들이다 보니 먹을 것에 대한 추진력은 대단했었다. 가마솥을 준비해서 닭백숙에 수육 과일 등등 음식 공급은 아주 푸짐하게 스케일이 탁월했다. 다들 직장인들이다 보니 20대에서 60대까지 다양했고 시의원 님이 한 분 계셨는데 업무상 행정학에 대해서 배움을 더 하시기 위해 입학을 했다. 공무원, 일반사무직, 아르바이트생, 건설 현장일 하시는 분 등등 직장 내 진급을 위한 학위, 공부할 때를 놓쳤지만 늦은 나이에도 학구열이 있으신 분들 미래를 건설적으로 만들기 위한 분들의 공간이다. 남들보다 붙임성과 사교력이 좋은 관계로 형님 누나들 모임 자리가 있다면 빠짐없이 다 참석하고 교우관계를 넓혀 갔다.

1995년 어느 여름날 잊을 수 없고 씻어낼 수 없는 사건이 발생했다. 운동을 좋아하고 아주 훈남인 성격과 외모도 출중하고 인기가 많았던 과 형님과 수영을 하러 갔었다. 그만 그 형님은 익사 사고로 안타깝게도 하늘나라로 먼저 떠나보내게 되었다.

훈남 형님과 나는 학창시절 태권도를 같이했던 터라 서로 겨루기도 재미로 하고 허물없이 서로 장난도 잘 쳤다. 형님은 평소 나를 많이 챙겨주셨다. 그래서 나도 깍듯이 모시고 잘 따라다니고 했었다. 그해 여름 야유회를 갔는데 점심을 먹고 맥주 한 잔을 하고 더위를 시키려 수영하러 가자고 해서 서슴없이 따라갔다. 물 깊이가 낮아 점점 깊은 곳을 찾아갔었다. 물이 깊으면 수온이 급격히 떨어진다. 나는 수영 중 체온이 급격히 떨어지고 힘이 빠지는 걸 느꼈고 물을 여러 번 먹게 되었다. 순간 당황을 해서 더 이상 있다가는 무슨 일 나겠다는 직감이 압도적이었다.

나는 살기 위해서 밖을 향해 안간힘을 쓰면서 발버둥을 쳤다. 그러나 제자리, 마치 누군가 내 다리를 붙잡고 끌고 들어가는 느낌에 무서움이 들었다. 이제 죽는 거 아닌가라는 생각이 순간 들었다. 죽을 힘을 다해 겨우 발이 닿을 수 있는 곳까지 나오는 찰나에 사람들이 나를 향해 엄청난 속도로 달려오고 있었다. 목표는 내가 아니었던 것이다.

그제야 나는 뒤를 돌아보게 되었고 형의 모습이 사라져 보이지 않았던 것이었다. 불길한 느낌이 들었고 주위 사람들은 밧줄과 구조 장비를 들고 물속으로 잠수를 하면서 계속 형을 찾고 있었다. 시간이 좀 흘러 형의 모습을 보았고 여러 명이 들쳐 업고 뭍으로 나오고 있었다. 형의 창백한 얼굴과 검을 정도로 푸른 입술을 본 순간 눈물이 하염없이 나왔다. 사람들은 인공호흡과 심폐 소생술을 번갈아 가면서 했고 나는 119구급대로 연락을 하기 위해서 학과 야유회 장소로 달려갔고 1초가 소중한 시간이다 보니 우선 형님을 트럭 뒷자리에 반듯이 눕히고 119구급대와 중간에서 만나기로 하고 트럭과 함께 출발했다. 전속력으로 달리는 트럭 위에서 나와 또 다른 선배는 번갈아 가면서 심폐 소생술과 인공호흡을 계속했다.

눈물을 흘리면서 고함을 쳤다. 제발 일어나 눈을 뜨라고, "형 죽으면 안 돼!" 일어나라고 제발! 그렇게 시간이 흘러 점점 더 어둡게 짙어가는 형님의 얼굴을 보았다. 골든타임은 지났다. 하지만 분명히 기적은 일어날 것이라고 생각했다. 끊임없이 심폐 소생술을 했다. 구급대와 중간에서 만나 형님을 구급차로 이동시키고 함께 병원으로 이동했다.

산소마스크를 입에다 채우고 심전도 기기를 붙였다. 이미 심전도기기의 물결모양은 사라지고 일직선을 가리키고 있었다. 나는 계속 눈물만 흘리고 있었다.

병원 도착해서 응급실로 들어갔고 얼마 지나지 않아 사망선고를 했다. 나는 하늘이 무너진 것 같은 압박과 엄청나게 밀려오는 무게의 슬픔을 느끼고 하염없이 눈물만 흘렸다. 같은 학과생들은 병원으로 다들 왔고 모두가 눈물을 흘리며 애도를 표했다.

너무나 귀하고 소중한 사람을 나는 그날 하늘의 별이 되게끔 보내야만 했다. 장례가 끝나고 몇 날 며칠 슬픔에서 빠져나오지 못했다. 움직이는 생명체들 개미를 보고 마치 그가 와서 나에게 얘기하는 것 같고, 흔들리는 꽃들, 바람에 날리는 나뭇잎을 물끄러미 넋이 나간 사람처럼 바라만 보고 지냈다. 형이랑 같이 수영 하면서 살리지 못한 죄책감에 몇 달이 지나고 나서야 슬픈 심정이 조금 가라앉았다. 하지만 그와 함께했던 장소와 거리를 지나갈 때는 여지없이 울컥울컥했다. 형의 집 근처 공중전화 박스에서 형의 어머니께 전화를 드리고 죄송하다는 말씀을 끊임없이 했다.

어머니께서는 너의 잘못이 아니니 죄책감은 느끼지 말라고 위로해주셨지만 나는 매일 같이 죄책감에 형의 집 근처를 배회하곤 했었다. 워낙에 건강하고 운동을 잘했던 형이라 익사로 사망했다는 것은 믿을 수 없었다.

사망 사유는 심장마비였다. 차가운 물속으로 갑작스럽게 들어갔었다. 우리는 수영 전 맥주를 한 캔씩 먹었다. 그리고 어처구니없는 복장인 청바지에 티셔츠를 입고 그 깊고 차가운 물속으로 물살이 세기로 악명 높은 익사 사고가 빈번했던 물속을 누비고 다녔던 것이었다.

그 당시는 젊고 힘 있고 허세와 자신감이 넘쳐서인지 눈에 뵈는 게 없었다. 이제와 생각해보면 마치 우리의 행동은 이미 사고를 예상할 수 있는 요소가 너무 뚜렷했다.

정도를 걷지 않고 남다르게 새로운 것을 시도한다. 옳지 않은 일은 쉽게 쾌락을 느끼고 순간의 희열을 느낄 때 세상 사는 게 재밌고 행복했다.

누군가 총량의 법칙을 얘기했다. 젊을 때 행복을 너무 일찍이 많이 쓰고 살다 보면 나이 들어가면서 행복할 수 있는 일이 적어진다고 한다. 그래서 인생은 마라톤이라고 하나 보다. 마라톤을 완주하려면 페이스 유지가 상당히 중요하다. 심지어 국제대회에서도 페이스메이커와 함께 뛴다. 속도 조절을 못 하면 좋은 결과는 절대 기대할 수 없다. 실패할 수밖에 없다.

같은 속도로 꾸준히 뛰어야 2시간 내외로 입상을 할 수 있다. 마라톤은 중도에 포기하는 사람이 상당히 많다. 정해진 시간을 넘어서 들어오는 사람도 많고 자신과 싸움을 하며 끈기 있게 들어오는 사람, 기록을 달성하는 사람 비로소 하나씩 깨달아 가고 있다. 지금도 늦지 않았다. 인간은 천성을 가지고 태어난다. 하지만 사람이 근본이 변하지 않는 이상 원하는 성공을 절대 이룰 수 없다. 과거를 회상해보았을 때 천성으로만 살았고 그로 인해 수많은 역경을 겪고 나로 인해 피해를 겪은 사람들이 많다는 걸 알고 있다. 어찌하면 올바른 삶을 살아갈 수 있을까? 요즘은 매일 같이 생각하고 있다. 습관과 말투와 계획, 게으른 행동과 안일한 마음으로 사소한 것조차 함부로 여긴다면 결과는 이미 정해져 있는 거나 마찬가지다.

사람은 5년에 한 번 운이 바뀐다고 한다. 5년을 준비한다는 것은 절대 쉬운 일은 아니다. 계획을 세우고 지속적으로 반복만 1,825일 해야 한다. 만일에 사정이 있어 못했다면 다음번에 두 배의 일을 해내야 한다. 비가 오나 눈이 오나 날씨 탓하지 말고 이유 없이 매일 같이 습관을 들여야 만이 인간의 몸이 바뀌고 운이 들어올 수 있는 것이다.

계획하고 실행하고 좋은 말 하고 좋은 생각 하고 운동으로 건강을 유지하고 독서하고 명상하고 너무나 쉬운 일이다. 하지만 꼭 이겨내야 하는 것이 하나 있다. 인간의 부정적 사고는 반드시 내 안에서 쫓아내야 한다.

부정적 사고는 아주 강력하고 쉽게 생겨나고 또 밟아도 살아나고 재생력이 너무나 탁월하다. 사고를 잘해야 사고를 치지 않을 것이다. 어떤 사고를 하느냐에 따라 결과는 부정이든 긍정적이든 정확하게 발현된다.

글쓰기 25일 차 세상을 바라보는 마인드는 글을 쓰면서 점점 안정을 찾아가고 있다. 나와 자아의 대화는 글을 통해서 매일 이루어지고 있다. 반성하고 희망을 만들고 나쁜 습관을 버리고 무엇이 정말 나에게 필요한 것인지 앞으로 진정으로 하고 싶은 일이 무엇인지 고민하고 찾아보자. 어디서? 책에서 찾으면 된다.

한 문장을 읽어보더라도 글의 내용이 중요한 것은 아니다. 단어에 집중해라. 글을 읽고 쓰는 행복감, 지금은 신경 안정제 같은 느낌을 준다. 너무나도 고마운 지란지교 같은 친구다. 마음을 치유해주는 효과가 있다.

04 행복의 메시지 "안녕하세요."

"지성이면 감천이다."라는 우리나라 속담이 있다. 우리가 살아가는 이 승에서 몸과 마음을 바쳐 지극정성을 들인다면 하늘도 감동하여 원하는 바를 들어준다는 말이다.

나는 의문을 가져본다. 우리는 행복이라는 단어를 매일 지성을 다해 말하지 않는다. 행복이란 단어보다는 행복해야 할 텐데 라는 말을 하는데 여기서 보면 부정이 동반되어 있다. '행복'이란 긍정의 단어와 "할 텐데."라는 염려와 걱정의 의미로 이것도 저것도 아닌 휴전상태 50 대 50인 것이다. 사실 우리가 바라는 행복은 외부적인 요소보다는 내부적인 요소의 감정의 변화 자신의 기분 상태에 따라서 시작된다는 것이다.

한국 사람은 대화할 때 말을 끝까지 들어봐야 한다. 끝말에 따라서 긍정과 부정의 애매한 뜻으로 바뀌는 경우가 많다. 말에 미사어구를 부쳐 언어유희를 하는 경우가 많다. 말 그대로 말은 말뿐이다. 우리 입에서 나오는 모든 것은 너무나 쉽게 입 밖으로 내뱉고 있다. 말은 때론 강력한 무기가 되고, 때론 가슴을 찌를 비수가 되기도 하고, 행복을 전하는 사랑의 씨앗이 된다.

말은 씨앗이다. 뿌리면 뿌리는 대로 결과는 바로 확인되는 것도 있고, 시간과 공을 들여야 하는 것도 있다. 예를 들어서 누구든 상대의 얼굴을 바라보면서 미소를 지으면 한마디 "얼굴에 빛이 난다.", "눈이 부시네요." 상대방은 얼굴을 가리며 손동작하면 상대방의 기쁨은 배가 된 것이다. 칭찬의 말을 하면 상대방은 반응을 보인다. 입꼬리가 올라가고 눈은 미소 짓고 왜 그래 오늘 하면서 상대방에게 해줄 칭찬의 말을 준비한다. 오늘 이쁘게 옷 입었네요. 라고 예쁜 말로 되돌려준다.

10년은 더 젊어 보인다고 화답한다. 추가로 커피 한잔하러 가자! 점심 내가 살게! 상대방의 칭찬에 보답하려는 말과 행동을 한다.

쉽게 할 수 있는 칭찬의 말은 긍정의 기운을 만들고 그들이 있는 장소의 분위기를 살려주며 나아가 가정이든 회사든 더 화목한 가정과 건강한 회사가 될 것이 분명하다.

2005년 나는 속리산 암자를 찾아갔다. 서울 생활 첫 직장이었던 회사를 퇴사 후 많은 생각과 고민과 인생의 숙제를 안고 무작정 짐을 꾸려 암자로 향했다. 사전에 암자 숙식에 대해서 통화를 하고 예약했다.

그때가 단풍 시즌이었고, 이미 속리산은 형형색색의 맑고 깨끗한 색으로 물들어 자신들의 예쁜 옷을 뽐내고 있었다. 주차장에서 암자까지는 거리 멀어서 양해를 구하고 암자 입구까지 차를 이동 주차를 하고 암자로 향했다. 양손에는 책을 한 다발 꾸리고 가방에는 세면도구와 옷가지들을 메고 산을 올랐다. 암자는 마치 구름 위를 올라가는 천국의 계단처럼 가파르고 굽이굽이 올라가는 길이었다.

암자에 도착하고 주변을 살펴보았다. 요새라고 해야 할 것이다. 너무나 좋은 위치에 아무도 찾아낼 수 없는 깊숙한 곳이었다. 색동저고리처럼 물든 단풍과 졸졸 흐르는 계곡 물소리 산 새소리가 어우러져 나를 반겨주고 있는 형상이 마치 천국에 있는 듯했다.

암자에는 주지 스님이 계시고 일을 봐주시는 보살님이 계신다. 주지 스님을 보필하고 자신을 수행해 가며 방문자들 숙식과 암자 관련된 일을 도맡아서 하시는 분을 보살님이라고 칭한다. 방 배정을 받고 짐을 풀었다. 넓고 잘 정돈된 깨끗한 방 창문을 통해 보이는 밖의 모습은 여기가 아니면 절대 볼 수 없는 예쁜 풍경이었다.

매일 같이 아침에는 암자 뒷산을 올랐고 정시에 식사 종이 울리면 식사했고 식사시간이 지나면 식사를 할 수 없었다. 규칙을 따라 스스로 수행해야 하는 곳이기 때문에 이기적인 행동은 용납이 안 되는 곳이다. 늦은 저녁에는 홀로이 법당을 찾아 108배를 하고, 방으로 돌아오면 독서하고 취침했다. 3일 차가 지나고 암자가 좀 익숙해지고 암자에 숙식하시는 분들과 얘기를 나누게 되었고 모두가 사연이 다양한 분들이었다.

경제적, 학업, 새로운 시도, 사람 관계로 인한 번뇌를 내려놓거나 새로운 계획을 도약하기 위한 와신상담의 마음가짐으로 다들 암자에 묵고 계시는 것이다. 나 또한 그 당시는 퇴사를 했었고 암자를 들어오게 된 것은 사업을 운영할 것인가 아니면 동종업계에 다시 돌아갈 것인가 고민 중이었다.

첫 직장을 퇴사할 때 3번의 사표를 거절 받고 4번의 제출 후 그제야 퇴사하게 되었다. 현장에서 포장하고 운전해서 인천공항을 갔다. 수출업체를 방문해서 물품을 픽업하고 2년쯤 지나서 업무를 보게 되었고 항상 회사 시스템에 불만이 많았다. 운송 포장부, 업무부, 영업부 겉으론 괜찮은 척 했지만 조화롭지 못했다.

사실 나는 몸담고 있던 부서를 별도 분리를 원했다. 부서원들과 사업 계획서를 만들고 임원들과 회의를 통해 사업체 분리 후 효과적인 회사 성장 발전을 제안했다. 회사 설립 후 이례적으로 절대 있을 수 없는 상황을 만들었다. 좋게 보면 혁명이고 나쁘게 보면 역모였다. 임원들과 타 부서원들 좋은 시선으로 바라보지 않았다.

사업계획은 철회되었고, 나는 업무부에서 영업부로 발령받았다. 영업부 1년 근무 후 사표를 제출하게 되었다. 그 당시 사장님과는 편하게 대화를 가끔 하는 사이였다. 유독 잘 봐주시고 옷맵시, 말투, 자세, 자신감 등 많은 조언 해주시고 나한테는 멋진 분이었다.

사표를 내었고 사장님의 설득을 뒤로하고 회사를 계속 다니는 것에 대해서 고사했다.

그 이후 퇴사하고 머리도 식힐 겸 나의 갈 길은 어디인지 스스로 고민해보고자 암자를 찾아오게 된 것이다.

며칠이 지나고 옆방에 계시던 분이 내일이면 암자를 퇴소하신다고 하시면서 등산을 하자고 했다. 나도 등산을 좋아하기에 그러자고 했고 코스는 천왕봉에서 문장대까지 코스였다. 시작과 끝이 되는 봉우리 속리산을 다 본 거나 마찬가지가 된다.

보통 일이 아니라고 생각은 했지만 이미 말은 뱉은 상태고 보살님은 주먹밥을 준비해주셨다. 그분은 매일 같이 산을 타신 분이라 걷는 것이 아니라 달리는 수준이었다. 그런데 생각보다 빠르게 등산했다. 문장대에 도착했을 때는 너무나 행복했고 세상을 아래로 보고 세상이 내 것인 것처럼 무언가 끓어 올랐다. 이런 기분은 정상을 밟아 보지 못한 사람은 절대 느끼지 못하는 기분일 것이다.

문장대 1058m 큼지막한 바위가 하늘을 향해 바라보고 있는 듯한 형상이다. 살아생전에 세 번을 올라가면 극락을 간다는 설도 있다. 고생 끝에 수백 번 수천 번을 포기하고 싶은 마음이 들었지만 목표를 위해서 포기하지 않고 끊임없이 한 발 한 발 내디뎠다. 그러다 보니 어느새 목표했던 자리에 와 있게 됐다.

행복은 마음에 있다. 10일간 암자 생활을 마치고 산을 내려오면서 마음속에 새기고 새긴 것이 있다 '모든 것은 나에게서 시작해서 나에게도 돌아온다는' 것이다. 우리가 명심해야 할 것은 본인이 오케스트라의 지휘자가 되어야 한다. 수많은 관현악 악기를 눈과 귀 피부의 감촉으로 느끼고 리드하는 일을 온전히 나 혼자 해야 하는 것이다. 인간의 마음도 스스로가 컨트롤 할 수 있다면 아름답고 행복한 인생의 마법을 부릴 수 있을 거다.

우리가 원하는 바가 있다면 지금 당장 하면 된다. 중요하던, 중요하지 않든, 큰일이든, 작은 일이든 내가 할 수 있는 일을 생각하고 해낸다면 지금 바로 마법을 느낄 수 있을 것이다. 작은 성취감을 느낄 것이고 스스로 격려와 칭찬을 하게 될 것이다.

작은 마법의 힘을 믿어야 한다. 지금의 나이는 문제가 되지 않는다.

가장 큰 문제는 문제를 문제로 삼는 것이 인생의 가장 큰 실수가 될 수 있다. 핑계와 탓, 이유를 만들지 마라. 대부분 사람은 오늘 아침에 일어나면서 이런 생각을 하거나 입 밖으로 내뱉는다. 아 피곤해. 조금만 더 자면 좋겠다. 출근하기 싫다. 라고 누구나 말할 수 있는 일이다.

인간의 심리는 끊임없이 힘들어하고 귀찮아하는 마음은 끊임없이 샘솟는다. 하지만 역으로 생각하면 생각은 같은 것이다. 부정이든 긍정이든 끊임없이 즐거워하고 긍정적인 심리를 만들 수 있는 반증이 된다. 그렇게 하려면 훈련해야 한다. 학습하고 훈련해야만 결과물의 성공이 아니라 자신감이 생긴다. 자신감은 성공과 행복의 마법을 부릴 수 있는 불씨가 되고, 도화선이 되어, 삶의 원동력이 될 것이다.

'작은 성취', '벽돌 한 장'

나는 지금도 작은 성취를 반복하고 있다.

집을 지을 때는 벽돌 한 장부터 시작한다. 벽돌 수천 장이 쌓여야만 집을 건축할 수 있다. 성공은 벽돌 한 장부터 시작이다.

05 스스로 욕창을 만들지 마라

일요일 아침 기상과 동시에 3분 정도의 명상 호흡을 하면서 온몸의 혈액순환을 느낀다. 처음으로 내뱉는 말은 "감사합니다."라는 말이다. 오늘도 건강한 몸으로 아무 탈 없이 일어나게 해주셔서 감사합니다. 그런 다음 심호흡하고 발가락부터 발목 복숭아뼈를 타고 정강이 뼈 무릎 허벅지 팔과 어깨 목덜미를 지나 머리 꼭대기 백호까지 기의 흐름을 느껴야 한다.

간단하게 오늘의 일정을 크게 그려본다. 명상이 끝나면 침대 정리하고 창문을 연다. 안개가 자욱했다.

어제 날씨가 포근해서 그런지 앞이 보이지 않을 정도로 가시거리가 짧다. 조깅복을 챙겨 입고 손목과 발목 무릎 허리를 풀고 신발 끈을 조여매고 6층 계단을 내려서 조깅 코스를 정해 출발했다. 내가 가는 코스는 인적이 거의 없다. 동네 뒤편으로 전원주택이 있고 주말농장처럼 작은 밭을 가꾸는 집들이 여럿 있고 창고를 이용한 소기업들이 위치해 있다. 한적하니 차량 통행도 많지 않고 혼자 뛰기 좋은 코스이다.

길을 따라가다 보면 2차선 도로를 잠깐 만났다가 한강을 바라보며 뛸수 있는 생태공원 조깅 코스를 만나게 된다. 이때부터 본격적으로 뛰게되고 앞을 보면 끝이 보이질 않을 정도의 지평선만 보인다. 나는 조깅하는 법이 있다. 멀리 보고 뛰면 절대적으로 힘들어진다. 금방 지치고 의욕이 상실된다. 멘탈이 이미 힘들다는 암시를 해버리는 것이다. 내가 뛰는법은 단 5미터 앞만 보고 뛴다. 단 5미터는 누구나 뛸 수 있을 거다. 너무쉽다. 누구든 할 수 있다. 뛰는 시간이 중요한 건 아니다. 하지만 뛸 때마다 호흡도 길어지고, 다리 근육도 강해지고, 인내심도 점점 늘어난다는건 사실이다.

대부분 사람들은 힘들게 왜 뛰냐고 한다. 힘든 건 사실이다. 나는 장담한다. 5미터만 뛸 수 있다면 아니 5미터만 걸어갈 수 있다면 5km도 충분히 해낼 수 있다. "천 리 길도 한 걸음부터."라는 말이 있다.

우리 선조들은 자동차가 없고 말이 없고 걸어서 과거시험을 보기 위해서 한양을 올 때는 지방에서는 15일 정도는 걸어서 한양까지 와서 과거시험을 봤다. 역사드라마를 보면 알 수 있다. 한 발짝이라도 뛸 수 있다면 5m, 500m, 5000m 는 충분이 뛸 수 있다. 시간은 중요하지 않다. 실행 후 성취감은 본인만이 느낄 수 있는 세상의 하나뿐인 감정이 된다.

여러분 자신의 운명을 갉아먹는 것은 바로 자기 자신이다. 명심해야 한다. "욕창"이라는 말이 있다. 같은 자세로 장시간 눕거나 앉아 있을 때 그 부위가 압력이 가해지면 혈액순환이 정상적으로 이루어지지 않게 된다. 그러다 보면 피부조직에 손상이 생기게 되고 누군가 돌봐주지 않으면 피부가 썩어 들어가는 것을 말한다. 욕창 무서운 것이다. 뭐라고 할까? 꺼져가는 삶이라고 해야 한다. 살이 썩어 들어가고 정신도 썩어 들어갈 수 있다는 것을 알아야 한다. 스스로 암흑 속으로 밀어 넣지 마라.

자신의 인생에 욕창을 만들어선 안 된다. 지금 당장 가벼운 옷을 입고, 신발 끈을 동여매시고 집 앞을 걷는 것부터 시작해보라. 건전한 정신과 건강한 육체 남은 나의 운명을 행복하게 살아갈 수 있는 아주 쉽고도 돈 쓸 이유가 없다.

나는 일주에 2번 정도 5km씩 뛴다. 쉬지 않고 힘들면 걸을 수는 있지만 신호등 파란불을 기다리며 제자리 뛰기를 한다. 보통 30~35분 정도 소요되고 집에 도착하면 온몸이 땀으로 범벅이 된다. 아파트에 도착 마무리 손목 발목 무릎 허리 목 관절을 스트레칭 한다. 그리고 엘리베이터가 없는 아파트 6층까지 올라야 집이다. 이사를 온 후 처음엔 숨이 목까지 차고 너무 힘들었다. 1년 가까이 운동하고 난 후부터는 6층 정도는 힘들이지 않고 금세 올라갈 수 있고 체력이 그만큼 좋아졌다는 것을 증명할 수 있다.

우리는 꼭 이것만은 알고 살아야 할 것이다. 삶의 궁극적인 목적은 매일 자신과 대화를 하면서 스스로 삶의 목적을 반드시 알아내고 이해해야 한다. 완벽한 인간은 없다. 신이 있다면 완벽함을 볼 수 있을 거다.

신은 인간이 만들었다고 할 수 있다. 과학적인 기술이 없던 선사시대 세상의 모든 것은 두려움이었고 허약한 인간은 누군가의 의지가 필요했다. 생각하는 생명체 인간은 경험과 창조로 위기를 극복하고 수많은 데이터를 모아 왔다.

태초에 일어났던 모든 긍정과 부정의 일은 신의 뜻이라고 믿었을 것이다. 하지만 21세기 과학의 발전은 현상에 대해 증명하는 경우가 많아졌다. 보통 종교단체에서 신을 찬양하고 숭배하고 믿고 있다. 독실한 종교인들은 인정하지 않을 수도 있을 것이다. 내 생각 또한 신이 없다고 단정할 수는 없다. 다만 종교와 과학은 인류가 존재하는 한 함께해야만 한다.

우리는 매일 오만 가지의 생각을 하며 부정적인 생각을 80% 이상 했다가 잊었다가를 반복한다. 그래도 부정적인 일은 잘 일어나지 않는다. 바로 이런 생각이 잠재력을 갉아먹는 것이다. 계속 그렇게 산다면 좀 벌레처럼 행복해야 할 자신의 인생을 하루하루 갉아 먹게 되고 결국엔 돌이킬 수 없는 상황이 만들어질 것이다.

우리는 생각의 전환을 해야 하고 잠재의식에 매일 같이 관심을 가지고 반복된 훈련을 해야 한다. 인간은 망각의 동물이다. 반복하지 않으면 느슨해지고 결국에 굳어버린다. 이미 행복한 존재는 끊임없이 움직이고 있다.

오늘 나는 목마름을 호소하는 나에게 한줄기 비처럼 나의 정신을 깨워준 니체를 알게 되었다. 독일의 철학자 니체는 이런 말을 했다. "나를 죽이는 것 빼고 나에게 오는 모든 것은 나를 강하게 만든다. 어떤 고난이 와도 나는 이겨낼 것이다." 이는 강력한 긍정의 심상을 가지고 있다는 것을 말한다.

인간은 생각한다. 그러므로 표현해야 한다. 인간은 공감한다. 고로 표현해야 한다. 말과 단어의 형태는 다르지만 만인은 같은 생각과 공감하는 능력이 있다. 인류가 함께 할 수 있는 것은 생각할 수 있다는 것 언어를 쓰고 공감 능력이 있다는 것이다.

인생은 냉정하고 처절하고 지옥 같은 곳이다.

지금부터 올바른 운명을 만들어 가는 방법을 시도하라.

1. 감정의 기복을 줄여야 하고, 여유가 있어야 한다.

2. 몸가짐이 항상 단정하고 청결한 상태를 유지해야 한다.

3. 바른 자세로 정중하고 차분하게 말을 해야 한다.

4. 자신만의 소신으로 상대를 배려하는 마음을 가져야 한다.

5. 나와 타인을 사랑하는 마음과 감사하는 마음을 가져야 한다. 죽을

때까지.

06 기회를 바라지 마라 공기처럼 옆에 있다

사람들은 인생을 살면서 3번의 기회가 온다고 한다. 하지만 내 생각은 기회라는 것은 늘 내 곁에 함께 붙어 다닌다고 생각한다. 수많은 기회가 제 주위를 맴돌고 있다는 것이다. 항상 우리의 눈에 보이지 않았을 뿐이다. 나의 시선으로는 막무가내로 볼 수 없다.

우리가 삶을 열심히 살았다 하더라도 예기치 못한 일로 괴로워하고 쌓아왔던 모든 것이 한순간에 모래성처럼 무너지고 많은 부를 가지고 있으면서도 지병으로 인생을 즐기지 못하는 삶, 앞으로 예상치 못한 일을 과학적인 기술로 미리 방어할 수 있을 것이다. 가능할 수도 있지 않을까 전능하신 신이 있다면 인간에게 반드시 능력을 심어두었을 것이다. 그래서 나는 기회라는 것은 생명으로 태어나 열심히 살 기회, 사업을 하더라도 관리하고 잘 돌볼 기회, 규칙적인 생활할 기회, 건강을 지킬 수 있는 기회일 것이다. 아마도 우주가 공평하게 한 사람 한 사람에게 태초부터 기회를 주고 있었을 것이다.

기회는 준비되어 있는 자에게 온다고 했다. 운도 능력이라고 흔히들 말한다. 그 운을 받으려면 역시 준비하지 않는 자에게는 오지 않거나 오더라도 쉽게 달아나 버린다.

삶을 아니 내가 하는 모든 일을 끊임없이 계획하고 실행하면 내 안의 강력한 변화가 생긴다. 말로만 해서는 안 된다. 며칠 해보니 변했다. 칭찬하고 안주하고 남들한테 떠벌리고 다니고 일상적인 보통의 사람처럼 물 흘러가듯 해서는 기회라는 놈은 반드시 콧방귀를 끼고 비웃고 있을 것이다.

사업도 잘 나갈 때가 있었고, 연애도 많이 했다. 부모님께도 형제들에게도 공경하고 우애 있게 지내며 살았다. 요즘 들어 과거를 자주 돌이켜 본다. 나는 모든 분에게 진심을 다하지 않았다. 너무나 소홀히 대했고 보여주기 식으로 진정성이 없었다. 진실하게 대하고 귀하게 생각했다면 모든 것이 탈없이 모두가 행복하고 나 또한 즐거운 인생이 있었을 것이다.

과거에 나는 이기적인 나의 행복과 욕망과 자기만족을 최우선으로 두었고, 누구의 말도 귀 담아 듣지 않고 살았다. 어찌 보면 이제까지 나는 가면을 쓰고 살았다. 겉은 웃고 있지만 속으로는 오직 나만을 위해서 계획하고 나만의 쾌락을 위해서 가면 뒤에서 썩은 미소를 짓고 살았다.

기회는 무수히 많이 주어진다. 내가 만드는 것이다. 대기업에 입사하고 싶다면 철저히 밤을 새워 가면서 준비를 하면 된다. 서울 스카이 대학을 원한다면 열심히 밤을 새워 가면서 공부하고 노력하면 된다. 사업을 크게 성공하려면 비전 영업력과 내부 관리 운영 자본을 철저히 준비하면 된다. 연애를 잘하려면 많은 이성을 만나보면 된다. 결혼을 하고자 한다면 엄청난 인내심을 평소에 갈고 닦으면 된다. 세상의 모든 것은 진심으로 정성을 다해야 기회가 주어진다.

지금 당장 사소한 것 하나라도 정성을 다해라. 방바닥에 머리카락 있다면 당장 일어나 돌돌이(청소테이프)를 돌려라. 싱크대에 방금 먹은 설거짓거리가 있다면 당장 퐁퐁을 짜서 씻어라. "천리 길도 한 걸음부터" 돌돌이를 돌리다 보면 테이블을 닦게 되고 그러다 보면 청소기를 어느새 돌리고 있게 된다. 연속모드가 입력이 된다.

설거지를 마치고 나면 가스레인지나 인덕션을 닦는다. 샤워하면서 화장실 청소를 하게 되고 화장실이 깨끗하면 마음도 깨끗해지고 이렇게 부지런한 사람에게는 성공할 수 있는 기회가 항상 옆에서 웃고 있다. 부지런한 사람의 눈에는 서서히 성공의 기회가 보일 것이다.

나는 이렇게 한다. 설거지를 끝내고 물기를 제거한 다음 내뱉는 말은 "성공했다." 돌돌이로 머리카락을 말끔히 치웠을 때도 '성공' 화장실 청소를 끝내도 '성공'.

작은 성공에 대한 나만의 성공 확언이다. 성공 확언을 한다고 해서 다 성공하는 것은 아니다. 절대적으로 행동이 수반된 성공 확언을 해야 한다. 기회와 타이밍은 먼 곳에 있지 않다. "티끌 모아 태산"이라고 작은 것에 대한 강력한 힘을 우리는 알아야 한다. 가슴과 머리에 새기고 하루하루 헛되이 보내서는 안 된다. 헛되이 보낼 거라면 기회를 바라지 마라. 절대 오지 않을 것이다. 오더라도 바람처럼 살아진다.

과거 나는 학창시절 태권도선수를 했다. 군대 있을 때도 태권도 조교와 사단 대회 우승 군단 대회까지 나갈 정도로 태권도를 좋아했고 운동신경도 남들 못지않게 좋았다.

제대 후 첫 직장 생활을 서울에서 시작했고, 시골 촌놈의 야망 사업을 하고 해외를 나가서 태권도와 접목해 사업을 구상했었다. 첫 직장이 해외 물류 관련 업종이라 해외 진출할 수 있었다. 마포 성산동에 있는 체육관을 찾아갔다. 해외를 나갈 방법은 시범단으로 갈 수 있다고 했다. 그 이후 직장 생활 하면서 저녁에 운동을 하고 주말에 시범단으로 합을 맞추고 드디어 미국 출국 일정이 잡혔다. 2003년 그때 당시 시범단 출정비용이 300백만 원 정도 된 거 같았다. 그 당시 상당히 큰돈이었다.

월급을 80만 원 받았던 기억이 난다. 모든 것을 준비하고 출국했다. 미 4개 주를 다니며 시범을 보이고 즉흥적으로 시범을 요청하면 주저 없이 즉각 시범을 보여주었다. 시애틀, 포틀랜드, 애틀랜타, 찰스턴 한 달 가까운 일정을 소화하고 미국의 거주 문제에 봉착했다.

태권도 사범을 하면서 정착계획을 세웠지만 비자 문제가 큰 걸림돌이었다. 사실 비자는 불법체류를 하든 방법은 만들 수 있다고 했다. 그보다 그때 나는 여자친구가 있었다. 나의 계획을 사전에 다 말하고 체류 결정이 나면 미국으로 함께 갈 생각이었다. 그런데 나와 합류하려던 그녀의 마음이 흔들리고 있었다. 미국에 체류하려 했지만 한국으로 다시 들어와 그녀를 설득해야 했다. 그녀의 마음은 이미 한국에 남는 걸로 결정했다.

그 친구의 뜻을 존중하고 그 당시 그녀가 더 중요했고 떨어져서는 못 살 거 같았다. 그리고 나는 다음 기회를 기다리기로 했다. 그러다 얼마 지나지 않아 우리는 헤어졌다. 나는 그녀도 놓쳤고, 미국 진출도 놓쳐버렸다.

우리는 왜 너 나 할 것 없이 기회를 잡으려 하는 걸까? 기회가 마치 하늘을 올라갈 수 있는 동아줄처럼 기다리고 바라고 있는 걸까? 기회도 좋은 기회 나쁜 기회가 있다. 좋게 다가왔다가도 나쁘게 사기를 당하는 경우 일이 잘 풀리지 않는 경우도 수두룩하다. 또한 그렇게 큰 기회는 아니었는데 예상과 달리 엄청난 호재를 가져다주는 경우도 있다.

우리는 기회를 잘 구별할 수 있는 분별력이 필요하다. 정신과 육체를 바로잡고 상황을 올바르게 볼 수 있는 지혜와 통찰력을 길러야 한다. 독서와 메모 그리고 운동을 해야 한다. 누구나 할 수 있다. 고독을 벗 삼아 즐기고, 홀로 끊임없이 작은 계획과 성공을 만들어 가고 잠재력의 강력한 힘을 믿고 정진하면 된다.

내가 변하지 않고서는 반드시 성공의 기회는 나를 외면할 것이다. 지금 당신이 하는 말과 행동은 무조건 당신에게 다시 돌아갈 것이다. 강한 긍정은 두려움과 걱정을 침투할 수 없게 만드는 강력한 갑옷이다.

07 감각적 센스, 적극적 행동은 행운을 가져온다

나는 어렸을 때부터 깡다구, 끈기가 남들보다 강했고 인내심도 남들보다 많았다. 어릴 적 동네에서도 큰 친구들이랑 싸워도 쉽게 지진 않았다. 사실 학창 시절에는 센 놈하고 싸우고 나면 학교생활이 편해진다. 하지만 아무리 운동을 좋아해도 학교 씨름부나 육상부 친구들 하고 힘겨루기를 한다는 것은 엄두를 낼 수가 없다. 근데 운동하는 친구들도 사람인지라 약점이 있다. 허를 찌르는 기술을 보여주면 깜짝 놀라 나를 다르게 보게 되고 친해지면 3년은 그냥 편하게 학교 다니게 된다. 나는 운이 좋았다. 달리기해도 상위권 운동을 해도 항상 순위권 입상하니 학업에는 흥미를 못 느끼고 매번 친구들이랑 뭘 하고 놀면 재밌을까? 궁리하고 학창 시절을 보냈다.

부모님께 감사드린다. 운동신경과 눈치 빠르고 감각적인 센스 건강한 몸과 정신을 물려주셔서 매번 감사하다고 말씀드린다. 아르바이트할 때도 근무하던 직장, 사회 모임을 만들어도 항상 예의 바르게 남들과 문제 없이 잘 지내왔고 주위에 항상 사람들이 많았다. 연애도 열 번 찍어 안 넘어가는 경우가 없었다. 이렇게 25년을 사회생활을 하면서 제가 바라는 대로 평탄하게 잘 지내 왔었다. 그러면서 자신감이라는 놈은 하늘을 찌를 기세로 커져만 갔다.

여차저차 직장생활을 마무리하고 사업을 할 수밖에 없는 상황이 연출이 되었다. 준비 없이 그냥 부딪혀야 하는 기로에 설 수밖에 없어 운명이구나 생각했다. 해보자는 마음 하나만으로 신용이 좋지 않아 1금융은 엄두도 못 냈다. 사금융으로 자본금을 구하러 다니기 시작했고 2천만 원 정도 대출을 받았다. 그때 사금융 이자는 법적으로 40% 이하 수준에서 다양하게 있었다. 내가 받았던 대출이자는 14-25% 정도였다. 부족분은 친구들에게 천오백만 원 정도 빌려서 사무실 보증금을 먼저 만들고 그런 다음 사무기기 용품들을 하나하나 주말을 이용해서 이틀 만에 업무시스템을 세팅을 완료했다.

회사 상호는 스님께 부탁드려 상호를 받았다. 그런 다음 법원 등기소에 가서 법인등기를 하고 법인 사업자등록증을 발급받기 위해서 세무서에 사업자등록을 신청하고 일주일 내에 사업자등록증을 받을 수 있다. 법인 인감도장은 미리 만들어 놓았고 주거래 법인통장도 만들고 통장 잔고는 자본금 및 주식발행의 용도로 필요하니 최대한 많이 채워 두는 게 좋은데 자금이 부족한 대로 몇 백만 원을 준비해서 통장을 만들었다.

통장을 분리해서 관리하면 회계 관리가 수월할 것 같아 메인 통장, 입금, 출금, 외화, 세금 통장, 비상 저축통장 다양하게 만들었다. 이렇게 번갯불에 콩 볶아 먹듯 귀동냥을 듣고 법무사를 통해 안내 받아 법인회사를 설립하게 되었다. 법인사업자가 나온 그날은 우여곡절 속에 탄생한 나의 1호 회사가 너무나 감격적이고 도와준 친구와 소주 한잔하면서 도원결의도 했다.

사업이란 예상치 못한 상황에서 정신없이 회사를 만들 수도 있고, 꼼꼼히 시간을 충분히 두고 설립할 수도 있다. 회사를 설립하고 하나하나 만들어 가는 재미도 있고 다양하게 어려움을 뼛속 깊이 느낄 수도 있다. 자본금 준비가 되고 사업계획을 시뮬레이션 돌려가며 철두철미하게 준비하고 시작한다면 큰 어려움에 부딪히더라도 잘 헤쳐 갈 수 있고 계획했던 것들을 하루라도 빨리 성취할 수 있는 토대는 분명히 유리하다. 그렇다고 너무 분석하고 재다가는 좋은 기회를 놓치는 경우도 발생할 수 있다.

"유비무환", "돌다리도 두들겨 보고 건너라."라는 말이 있다. 조심해서 나쁠 것 없으니 스스로가 판단하고 올바른 결단력을 내릴 수 있어야 한다. 사업하시는 선배님들이 말씀하기를 3년만 버티면 잘한다고 했고, 요즘은 5년을 버텨야 잘하는 거라고 한다.

2011년에 시작해서 2020년 폐업을 하게 되었다. 많은 고난과 어려움 시련을 다 겪어 가면서 계속 공격했다. 그런데 10년 차가 되던 해 바닷가 모래성처럼 한 번의 출렁이는 파도에 쓸려 가버렸다. 폐업 증명서를 받던 날 만감이 교차했었다. 저와 이해관계를 맺었던 모든 분 들게 크나큰 피해를 주게 되었다. 한 분도 소홀히 하지 않고 저의 메모장에 기록하고 있다. 반드시 시간이 걸리더라고 피해보상은 다 하겠노라고, 그날부터 모든 분들께 피해보상 꼭 하겠다고 다짐했고, 지금도 연락하고 지내고 있다. 묵묵히 기다려주시는 분들이 많다. 다행히도 나는 복이 많은 사람인 건 확실하다. 모든 분들께 다시 한번 감사드린다.

모래성처럼 쉽게 무너져 버렸던 이유는 리더의 가장 큰 부재와 성공에 대한 샴페인을 너무일찍 터뜨린 것. 그리고 자금관리, 영업 관리, 내부 관리, 자재관리, 리더의 자기관리 소홀이 가장 큰 위험을 초래한 것이다. 관리란 가장 기본이 되어야 하는 것이다. 운동선수로 보자면 기초체력을 무시하고 정상만 바라보고 달려간 것이다.

혼자 가면 빨리 갈지 몰라도 함께 가면 오래간다는 말이 있다. 내가 잘났다 하고 가다 보면 놓치고 보지 못하는 것이 생긴다. 그것이 시간이 지나면 틈이 생기고 또 해가 바뀌면 구멍이 생기게 되고 계속 무심하게 관리 부재가 되면 거대한 댐도 한순간에 무너지는 형상을 만들게 된다.

기초체력이 부족한 사람은 절대 성공할 수 없다. 스스로 정신과 육체를 매일 같이 관리해야만 한다. 어떻게든 독서하고 조깅과 명상을 해야 한다. '정신일도 하사불성'이라고 정신을 바로잡으면 못 이룰 일이 없다는 말이다. 가장 중요한 것은 문장에 대한 이해력이 아니라 실제로 깨달음을 느끼고 유전자의 변화가 되어야 한다. 그리고 실행력이 필요다.

인간의 뇌는 하루라도 긴장을 풀면 게을러지고 귀찮아한다고 한다. 유전자가 변화를 일으키는 간격이 5-7년 주기라고 한다. 지금부터 당장 변화를 시도해라. 결단력을 발휘해야 한다. 습관적으로 주저하고 갈등하지 마라.

독서는 책 제목을 읽는 것부터 시작되는 것이다. 다음날은 목차를 읽고 다음 날은 흥미가 가는 페이지의 한 문장이라도 읽고 수시로 책을 볼 수 있도록 내 주변에다가 책 한 권씩은 두는 게 좋다. 침대, 소파, 식탁, 화장실, 차 안, 회사 책상, 회사 화장실, 눈에 띄는 곳에 어떤 책이든 가져다 놓아라.

화장실이 깨끗하고 좋은 글을 적어둔 회사는 훌륭한 회사다. 습관이 운명을 바꾼다는 말은 앞으로 어마어마한 자신의 인생길을 열어줄 계기가 된다. 대부분 사람은 어떤 사실이든 눈으로 보지 않고는 믿으려 하지 않는다. 귀로 듣는 것도 믿으려 하지 않는다. 발등에 불이 떨어져야 뜨거운 줄을 알게 되는 무딘 생명체이다. 모든 생명체는 먹이사슬에 의해 먹고 먹히고 균형을 이루며 세상을 순환하면서 존재하게 된다.

인간의 삶은 모래성과 같다. 단단한 벽돌로 철저히 쌓아 올리지 않으면 점점 허약해지고, AI 에게 많은 것을 내어주게 될 것이다. 일자리는 잃어가게 되고 기술력에 따라가지 못하는 부류가 많아지고 그렇기에 우리는 독서하고 공부해야 한다. 생각의 근력을 키우고, 올바른 지식과 정보, 포근한 정서를 쌓아가야 한다.

세계 출판시장의 규모는 미국이 1위 46조, 중국 2위 27조, 독일 3위 12조, 일본 5위 7.6조, 한국 8위 4조 인구 대비 독서량은 비례하지 않는다. 미국은 인구가 3억 3천이다. 엄청난 다독 국가다. 우리도 독서량을 늘려야 만이 새로운 산업도 창조 발전할 뿐만 아니라 국민의식도 고급스럽게 성장할 수 있다.

두뇌가 명석한 대한민국 국민은 세계최강의 민족으로 거듭나기 위해 전 국민의 독서 생활화를 정책적으로 장려하고 쉽게 접근할 수 있는 환경을 반드시 만들어야 할 것이다.

나의 버킷리스트 중의 하나는 도서관 설립이다. 그날이 하루빨리 오기를 희망한다.

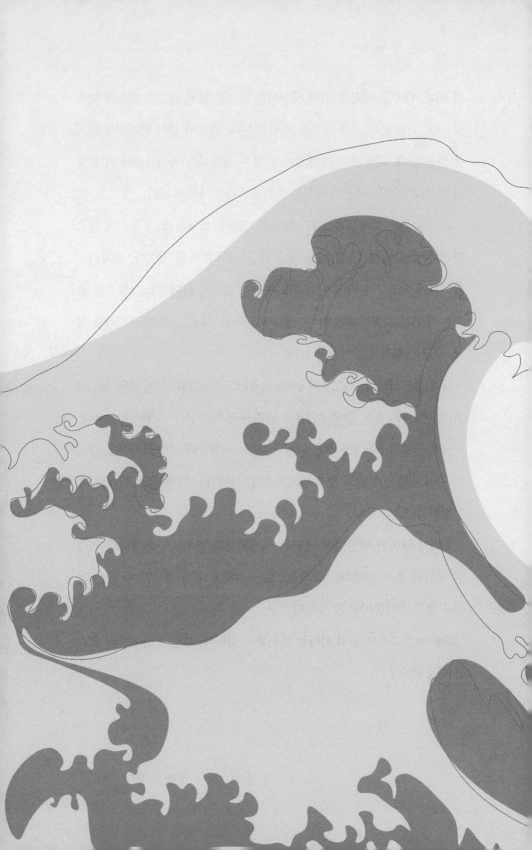

작은 마법의 힘을 믿어야 한다. 지금의 나이는 문제가 되지 않는다. 가장 큰 문제는 문제를 문제로 삼는 것이 인생의 가장 큰 실수가 될 수 있다.

UNSTOPPABLE

4장

완벽한
　실패가
완벽한
　성공이다

01 결단하고 그냥 움직여라

표류는 방황이다. 어릴 적에 꿈과 목표를 정하는 것은 쉽지 않았다. 내가 무엇을 좋아하는지 무엇을 하면 좋을지에 관한 생각을 대부분 사람은 하지 않는다. 삶에 대한 올바른 가치 판단을 할 수 있는 질문과 방향 설정을 해줄 수 있는 환경이 만들어지지 않았기 때문이다. 망망대해를 방향감도 목적지도 계획도 없이 무의식적으로 그냥 둥둥 떠다녔다.

사람들은 목표를 맹목적으로 정하는 경향이 많다. 대부분 사람은 행복하게 사는 게 인생의 목표라고 말을 한다. 나 또한 그랬다. 행복이라는 너무 포괄적이고 추상적인 목표는 지도 한 장 없이 나침반도 없이 핸들 없는 차를 운전하는 거와 같고, 노 없는 배와 같다.

학창 시절 수업 시간에 발표하는 습관, 선생님이 우리에게 질문하는 상황, 두렵기도 하고, 부끄럽기도 하고, 먼저 나서는 행동은 찾아볼 수 없었다. 혹여나 잘못하면 체벌받기도 했다. 그러다 보니 소극적이고, 쓸데 없는 것은 미리 스스로가 차단하는 습관, 성장하는 어린 시절 작은 묘목에 물과 거름을 충분히 주어 영양 공급을 많이 했더라면 더욱더 적극적이고, 올바른 가치판단의 능력이 쌓였을 것이다. 학창 시절 습관과 행동이 결국에는 자신의 운명을 가늠하는 방향키가 될 수 있다. 명심해라.

동양사상은 겸손과 예의와 배려 모두가 행복해야 한다는 근본으로 하고 논리적이고 과정을 중시하는 것이 아니라 결과에만 중시하는 경향이 아주 크다는 것이다.

인간은 무한한 능력을 소유한 동물이지만 감정이나 기분에 따라 스스로 잠재력을 자제하게 되는 시스템을 생성한다. 그러면 생각이 멈추게 된다.

인간의 양면성 아니 우주는 모든 것이 양면의 형태를 유지한다. 양면성의 부조화와 조화롭게 결합이 될 때는 새로움을 창조하게 되는 것이다. 생명을 만들고 소통할 수 있는 도구와 수단을 만들고 인간세계의 모든 것은 사람의 생각에서 만들어진 창조물이다. 생물학적으로 유전자를 결합해서 새로운 생명을 만들려고 하는 사람, 과학기술로 무인시스템 생활화 지구 밖 우주의 다른 행성을 지배하려는 사람들, 인간의 상상 안에 잠재력의 원천은 끊임없이 솟아나는 샘물과도 같다.

모든 상황을 현재 우리의 눈으로 보고 있다는 것이 부정할 수 없는 사실 증명이 되어버렸고 아직도 미지의 세계는 상상 이상의 무한한 일들로 창조될 것이 분명하다. 올바른 방향 설정이 되지 않으면 우리가 원하는 목적지에 갈 수 없고 그 무엇이든 얻어낼 수 없다는 것을 느끼고 깨달아야 한다.

예를 들어 결단력의 문제로 말하자면 사람들은 먹는 것을 고민한다. 고민하는 것은 정상이다. 점심시간에 뭐 먹을까 하면 아무거나 또는 편한 걸로 드세요. 전 괜찮아요. 라고 흔히들 말한다. 분명 먹고 싶은 것이 있을 거다. 남의 눈치를 보기도 할 것이고, 입맛이 없을 수도 있고 다양한 상황이 연출될 수 있다. 우리가 앞으로 반드시 해야 할 것이 있다. 나를 변화시키는 한 단어, "결단력".

오늘부터 자신의 인생을 조금이라도 바뀌는 것을 느끼고 싶다면 결단력을 발휘해 보자.

당장에 점심 식사부터 자기의 의사를 던져보자. 실패해도 좋으니 의사를 얘기할 수 있다는 것은 이미 성공한 것이다.

흔히 결정장애라고 한다. 무리의 선봉자는 결정을 누구보다 빨리 판단하고 지령한다. 리더의 역할을 해야 하고 방향을 잃고 헤매는 좌초 위기의 배를 목적지로 안전하게 인도할 수 있는 것이다. 결단력은 자신감이고 스스로 강력하게 믿고 있기에 좋은 결과를 얻을 수 있고 결과에 따른 성취감은 하루하루 자산으로 쌓일 것이 분명하다.

내가 실행하든 안 하든 세상은 흘러간다. 당신에게 관심은 일도 없다. 하지만 지금 내가 아침에 일어나 침대를 정리하고 창문을 열고 환기만 시키더라도 스스로 변화시킨 것이고 성취감을 반드시 느꼈을 것이다.

어떤 상황에서도 부정을 말하지 마라. 살아가는데 부정이 결코 나쁜 건 아니지만 내가 원하는 목표가 있다면 절대 긍정만 생산해 내도록 해라. 가능하다. 인간은 창조하고 생산하고 스스로 발현할 수 있는 시스템이 이미 장착되어 있다. 스타트 버튼을 지금 당장 터치해야 한다. 나의 소중한 인생을 끝이 보이지 않는 망망대해에 내버려 두지 마라.

사업, 학교, 동호회 인간이 속해 있는 모든 사회활동의 리더의 목표와 목적은 뚜렷해야 한다. 추상적으로 성공해야지 하는 마음은 지금부터는 더 이상 얘기하지 말라.

나는 추상적인 감성에 치우치는 사람이다. 모든 것이 두루두루 공평하게 잘 되었으면 하는 생각을 늘 하고 있다. 아니 아주 좋은 생각이다.

회사를 이끌어가는 대표가 감성에 젖어 있거나 구체적이고 뚜렷한 계획 없이 성공, 돈이라는 단어에 숨어 있는 쾌락과 욕심에만 집착한다. 그리고 주변을 보지 않고 사람을 보는 눈과 귀가 멀고 나의 경쟁력은 점점 소멸되어 갈 것이다. 안정적인 마음을 바라는 자는 행복한 미래를 얻어내지 못할 것이다.

안정을 원한다는 것은 불행을 기다린다는 것과 같다. 안정적인 삶은 좋은 것이다. 하지만 마음만은 절대 거기에 멈춰선 안 될 것이다. 목표를 두고 꾸준히 노력하고 시련과 고통은 당연하다는 것을 알아야 한다. 시련과 고통이 크면 클수록 자신에게 좋은 에너지로 순환되어 돌아올 것이다. 쉽진 않겠지만 할 수 있을까? 피곤해, 귀찮아, 짜증나, 내일 해야지, 말도 안 돼, 그만해, 지금 나열한 부정의 말들 더 이상은 쓰지 않아야 한다.

지금 당장 오늘의 미션을 하나 만들어보자. 나는 이렇게 하고 있다. 하루 종일 미소 짓기, 입꼬리를 올리고 밥 먹을 때, 티브이 볼 때, 독서할 때, 운동할 때, 대화할 때, 운전할 때, 일상적인 생활을 할 때 미소를 장착한다면 먼저 나 스스로가 기분이 좋아진다. 나로 인해 상대방은 말할 것도 없이 좋은 반응으로 나에게 다시 표현한다.

나의 신조는 '지금 그냥 하자'이다. 생각 없는 냉정한 말투지만 효과는 훨씬 낮다는 것을 스스로 느끼고 있다. 잘 받아들이는 사람은 변화를 바로 느낀다. 따지지 마라. 아까운 시간만 흘러간다. 표류하는 인생을 살고 싶은 사람은 없을 것이다. 작은 계획과 목표를 자투리 시간을 쪼개기, 나누기, 선택과 집중을 하고 티끌을 모아서 태산을 움직일 수 있게 되는 것이다.

인간은 유일무이한 사고하는 생명체이고 나는 무한한 잠재력을 가지고 있는 생명체라는 것을 이해하고 깨달아 가면서 살아야 할 것이다. 믿고 행하는 자는 얻을 것이고 부정하고 행하지 않는 자도 얻을 것이다.

우주는 양면성이 있기에 긍정의 현상, 부정의 현상 둘 다 우주의 원리로 순환한다. 방향키를 잘 잡고 성공의 임계점에 도달할 수 있도록 지금부터라도 단 하나의 일일 목표 달성을 시도해 보자.

02 글쓰기, 창조와 가치관을 만든다

　모든 사람은 평등하다. 존중과 기회는 똑같이 주어진다. 성별, 종교, 사회적 신분 "법 앞에 모든 사람은 평등하다."라고 했다. 생리적으로 모든 인간은 세끼를 먹고 배설한다. 육체적으로 머리, 눈, 코, 귀, 입, 손발 다리 똑같이 가지고 태어난다. 정신적으로 창조적 잠재력을 타고난다는 것이다.

　불교의 윤회사상은 생명을 가지고 있는 것은 즉 중생은 죽어서 다시 태어난다는 교리가 있다. 중생은 번뇌와 업을 지으며 삼계육도의 생사세계를 멈추지 않고 돌고 돌아가면서 존재한다는 뜻이다. 육도 안에 인간도 있고 가축도 있고 지옥과 천상 아귀와 아수라 불교의 세계관은 신비롭다. 이해하기보다는 알아가는 것이 흥미롭다.

나는 항상 감사하면서 하루하루를 살아가고 있다. 건강한 신체와 올바른 정신을 물려주시고 부모님의 자식으로 태어나서 너무나 고맙고 감사하다. 부모님을 통해서 나의 존재의 중요성을 반복해서 말하고 싶다.

특히 부모님께 요즘 들어서는 더더욱 감사하며 살고 있다. 요즘 들어 스스로의 건강을 잘 관리하고 계신다는 것을 느끼기에 너무나 감사하다. 동네 친구분들을 만나러 다니시고, 소일거리가 있으면 주저 없이 하시려고 하고, 세끼 식사를 꼭 챙겨 드신다. 그리고 물도 하루에 1리터 이상은 꾸준히 섭취하고 계시고 전화 통화를 하면 항상 좋다 행복하다는 말씀을 꼭 하시고 목소리에서도 힘이 느껴지곤 한다.

80 평생을 살아오신 부모님께서는 당신들 스스로가 가난하고 자식에게 많을 것을 내어주지 못했다는 미안한 마음을 늘 가지고 있다. 이제는 그런 마음을 가지지 않았으면 한다. 사실 유한한 생명을 가진 인간으로 부모님이 살아계신다는 것은 너무나 감사하고 행복한 일이다. 항상 나를 위해 염려와 건강을 기도해주시는 분들이 있다는 것은 나의 삶의 어떤 에너지보다도 강력한 힘이 되어주고 있다는 것이다.

어머님과 통화를 할 때는 서로가 서로에게 항상 감사하다는 말 사랑한다는 말을 아끼지 않고 전한다. 사실은 사랑한다는 말을 한 건 불과 얼마 되지 않았다. 부모 자식, 부부간, 형제간, 연인 사이, 지인들에게도 "감사합니다. 고맙습니다. 사랑합니다."라는 말 마음은 있으나 표현을 잘 하지 않는다. 특히 경상도 사람은 무뚝뚝해서 더하다.

"감사하고 고맙고 사랑합니다."라는 말의 위력은 우주의 모든 에너지와 원하는 것을 얻을 수 있는 힘의 전달 물질이다. "깨달음"이라는 말은 누군가 깨우쳐줄 수 없다. "깨달음은 반복이다." 깊이 생각하고 생각하는 것의 본질을 진리를 지혜를 몸소 머리와 육체 감각기관들이 인식하고 그것에 대해 정진할 수 있게 프로그래밍 된 상태일 것이다.

깨달음이라는 것은 오직 나의 것이다. 정신적, 육체적으로 내 생각과 고민의 산물이다. 지금부터라도 무엇이든 작은 것부터 깨달음의 시간을 가져보자. 삶의 질이 두터워 진다. 어디서 어떻게 깨달음이 올지는 모르니 느낄 준비 하고 있어라.

지금의 내 모습은 순조롭던 생활에서 사업 실패, 현재하고 있는 사업도 어려운 상황이다. 사업을 운영하면서 가장 힘든 것은 거래처와의 신뢰를 못 지킨 것이다. 과거 사업 실패로 부채를 가진 상태로 새롭게 시작한 사업이라 지금의 사업 또한 그 여파로 말로 표현할 수 없을 정도로 압박받고 있다. 새롭게 시작한 사업이 벌써 3년이 지났지만 호전되는 양상이 보이질 않는다. 포기는 절대 하지 않는다. 임대보증금은 이제는 바닥이 나버렸기 때문에 이번 달에 방법을 찾지 못하면 사무실을 빼야 한다.

하지만 나는 포기한 적이 한 번도 없다.

또한 지금의 회사는 지인의 이름으로 시작한 것이기 때문에 그분에게 크나큰 손실과 어려움이 발생될 수 있다는 것을 알고 있기에 절대 포기할 수 없다. 지금 시국에 어디서든 자금을 구한다는 것은 쉽지 않다. 은행권은 벌써 막혔고 세금 체납으로 정부자금은 진행이 어렵고 지인들에게도 이제는 도움을 받을 길이 없다. 사실 장기라도 팔아서 지속하고 싶은 심정이다. 매일 같이 자금을 구할 방법을 찾아다니고, 하루하루 텔레마케팅을 하고 운전과 현장 작업 자투리 시간엔 업체 방문하고 있다. 그리고 자투리 남는 시간에는 책을 보고 글쓰기를 조금씩이라도 하고 있다.

나는 매일 같이 오늘이 마지막이라고 생각하고 제가 하는 일에 대해서는 최선을 다하고 한 치의 불평도 하지 않고 고마움과 감사하는 마음으로 임하고 있다.

지금까지 사업을 운영할 수 있도록 도와주신 지인들께 다시 한번 고맙다는 말씀을 드리고 매일 아침 감사의 기도를 하고 시작한다. "마지막으로 죽기 직전에 지푸라기를 잡을 수 있게 도와주신 작가님께 감사의 말씀을 전합니다."

절대 포기하지 마라. 너는 이미 성공했다. 너는 이미 작가라는 말씀을 해주셨고 칭찬과 격려를 진심으로 아끼지 않고 항상 힘을 주셨다. 하늘에서 저에게 너무나도 소중한 귀인을 보내 주셨다. "꺼져가는 불씨를 다시 활활 타오르게 만들어 주었다."

지금이 내 인생의 마지막 기회라고 생각한다. 더 이상 물러설 곳도 없다. 성공한 사람들이 책에서 해답을 찾고 책을 읽었기 때문에 성공했다고 한다. 처음에 나도 반신반의했다. 오랫동안 앉아 책을 읽는다는 것이 너무 힘들었다. 사람은 본인이 당해보고 경험해보고 느껴봐야 만이 뭐라도 해야겠구나 하고 의지를 보인다.

책을 보고 글을 쓰고 하는 것이 좋은 이유는 첫째 강인한 멘탈을 만든다는 것이다. 둘째 새로운 창조력을 만든다는 것이다. 셋째 인생의 올바른 가치관을 찾을 수 있다는 것이다. 요즘은 너무나 행복한 삶을 하루하루 살아가고 있다. 책과 글쓰기 강의 듣기 인생의 답을 이제야 찾았다는 것이 너무나도 감사하다.

매사에 모든 것을 대할 때 늦었다고 생각하면 늦은 것이다. 시작은 지금이지 나이와 시간은 중요하지 않다. 천천히, 사소한 것 하나하나, 여유롭게, 기분 좋은 상태로 이어간다면 절대적으로 늦지 않은 것이다. 스노우볼 효과, 나비효과, 복리효과 원리와 이치와 경험을 통해 나의 몸에 체득시키는 순간 거대한 기운이 움직일 것이다. 다만 시작하지 않으면 늦는 것이 아니라 살아지고 아무도 신경 안 쓴다.

생명은 흙에서 왔다 흙으로 돌아간다. 지금 인간의 몸을 빌려 생각할 수 있는 영혼을 가졌다는 것이 얼마나 고맙고 행복한지를 알아야 한다. 만인은 부와 물질에 사로잡혀 살아가고 서로가 서로에게 생명을 앗아가는 행위를 한다. 우리는 건강한 신체와 정신을 가진 것에 대해서 먼저 감사하고 행복해야 한다. 감사함을 안다는 것은 깨달음을 바라는 것이다. 아니 감사할 줄을 아는 사람은 이미 깨달은 사람이다.

행복을 부자와 가난으로 분류하는 것은 올바른 생각은 아니다. 부자가 불행할 수도 있고 가난한 자가 행복할 수도 있다. 사고방식과 관념에 따라 다를 수도 있고 또한 우주는 예상치 못한 일들의 순환이기 때문에 부자와 가난은 정의할 수 없다.

선택과 집중은 누구나 쉽게 할 수 있다. 시간 투자와 강력한 몰입이 반드시 필수 조건. 삶을 배워간다는 것은 재미있는 일이다. 삶을 깨우친다는 것은 황홀한 일이다.

하늘이 주신 내 인생의 마지막 기회는 지금이다.

03 실패는 행복의 긍정적인 표현

불행의 반대말은 기회다. 불행의 끝은 없다. 행복의 끝도 없다. 우주의 모든 것은 잠수함처럼 아무도 예상하지 않는 시간에 보이지 않는 시공간에서 무심결에 다가온다.

우리는 365일 사계절의 시스템 속에 몸을 노출하고 살아가고 있다. 우리는 자연을 거스르진 못한다. 자연의 일부로 살아가는 생명체이기 때문이다. 하지만 인간은 잠재의식의 창조 능력을 가진 에너지이기에 자연과 끊임없이 싸우고 새로운 것을 창조한다.

우주의 모든 물질은 입자와 파장으로 이루어져 있다. 인간의 생각과 잠재력은 원하는 것을 만들어 내고 얻어낼 수 있는 것이다. 주파수와 진동을 보내고 받을 수 있는 능력을 타고난 것이다. 행복과 불행, 고난과 시련, 슬픔과 즐거움, 희노애락이 인간계 시스템 안에 잠재되어 있다는 것을 알고 있어야 한다. 나한테만 왜 이런 일이 생기나 하는 피해의식은 아예 버려라.

    나는 시골을 떠나 서울에서 첫 직장 생활할 때 너무나 재미있었고 모든 것이 흥미롭고 새로운 것들로 가득했기에 지루할 틈이 없었다. 서울은 신세계였다. 사람 건물 자동차 일단 엄청나게 많았다. 눈이 돌아갈 지경이었다. 지하철, 지옥철 출근 시간에는 푸시맨이 밀어되면 김밥 옆구리 터지듯 사람이 튕겨 나온다. 지하철을 타지 못하고 삐져나오는 사람이 2000년대 초 23년 전에는 어딜 가나 사람들로 꽉 차 있었다.

    역시 서울은 대한민국 수도, 제일의 도시였다. 1년이 지나서야 사람, 건물, 자동차가 익숙해졌다. 회사에서 처음 받은 보직은 운전이다. 무역회사 수출품을 받아서 포장 후 공항으로 이동 항공기에 탑재하는 일까지 하는 일이다. 운전은 자신 있었고 길눈이 밝아 서울, 인천 지리는 금세 외울 수 있었다. 그때는 내비게이션이 없던 시절이라 2G 전화 통화를 하고 무전기를 사용하고 종이에 약도를 그려가면서 무역회사를 방문하곤 했다. 지금과는 완전히 다른 세상이었다. 마치 어제의 일인 거 같은데 20년이 지났다.

당시 나의 목표는 해외진출이었다. 그럼 무엇을 먼저 해야 할까 생각해보았다. 영어학원을 다니기로 결정하고 새벽 6시 첫 타임을 등록하게 되었다. 그런데 서울 생활이 너무나 재미있었고 특히 밤이 되면 화려한 조명과 불빛 현란한 광고판의 유혹적인 문구들 때문에 퇴근을 하면 영락없이 직원들이랑 술과 간판의 유혹을 외면할 수 없었다. 서울 생활이 너무 재미있었고 천지가 신기한 것들로 즐비했다. 돈만 있으면 하고 싶은 건 다 할 수 있는 세상이었던 것이었다.

급여를 받으면 거침없이 음주, 향락에 지출했다. 마치 내일 없는 것처럼 카드를 여러 장 돌려막기 하며 매일 술을 먹고 마지막까지 동료를 챙겨서 보내고 귀가할 정도로 술에 대해서는 지고 싶지도 않았고 돈보다는 사람 쾌락에 중독이 되어 살았다.

밤새 술을 먹다가 동이 틀 무렵 귀가는 할 수 없어서 영어회화 학원으로 가서 첫 타임을 계단에 앉아 기다린 적도 여러번이었다. 숙취가 있음에도 불구하고 배우려고 갔었는데 너무 어처구니없는 행동이었다. 당연히 제대로 된 수업을 할 수도 없었고 학습이 될 수 없었다. 그냥 무의식적으로 학원에 갔고 목표가 해외 진출이었으므로 학원은 절대적으로 1순위였다. 사실 아직도 완벽한 영어회화를 갈구하고 공부하고 있다. 버킷리스트 중의 하나가 영어 마스터이다. 영어 공부를 그만둔 적은 하루도 없었다. 지금도 다양한 나의 방법으로 해 나가고 있다.

중·고등학교 6년 사회생활 23년 합이 30년 가까이 영어 공부 중이다. 참 어리석게도 허송세월을 보내고 있었던 것이다. 어쩌면 성공의 문턱을 한 발짝 남겨둔 것일 수 있다. 사실 영어공부를 놓지 못하는 이유가 있다. 중학교 1학년 때 영어점수는 반에서 다섯 손가락 안에 들 정도 흥미 있었던 과목이었다. 영어 선생님께서 가능성 있다는 것을 학생들 앞에서 칭찬을 많이 해주셨다. 그때 꿈이 영어 잘해서 외국 가서 성공하고 집안도 일으키고 부모님도 즐겁게 해주는 것이었다.

중2부터는 공부하는 친구들이랑 떨어지게 되고 노는 친구들이랑 어울리게 되었고 공부는 뒷전, 방과 후 노는 것이 공부보다 훨씬 재미있었다. 운동을 좋아해서 운동 아니면 밤낚시… 수업 시간에 공부가 될 수 없는 환경을 만들었다. 음주 가무에 한 번 빠지면 무한 질주하게 되었고 멈추어지지 않았다.

마치 불빛을 보고 달려드는 불나방처럼 죽음의 빛을 알아보지 못한 채 모든 것을 던져버렸던 것이었다. 몸도 마음도 정신까지 다 태워버렸다. 좋아하는 것에 올인하고 밤의 욕망에 빠져 쾌락의 중독 물질과 정신은 바닥을 드러내고 겉으론 항상 즐겁고 긍정적인 모습 집으로 돌아가면 외로움과 공허함은 이루 말할 수 없는 날들이 너무나 많았다. 매일 같이 공허함을 술과 사람으로 채웠던 것이다.

그 당시 나는 생각했었다. 삶이 즐거우면 그것이 전부라고. 그런데 행복의 구성 요소가 있다는 것을 뒤늦게야 알게 되었다.

행복은 감정으로 해결될 수 있는 건 아니었고 원하는 것을 가진다 해도 해결되는 것은 아니었다. 행복은 기분좋은 감정으로 시작할 수 있겠지만, 화목한 가정은 돈이라는 도구가 수반되어야 한다.

나의 불행의 시작은 내일이 없는 듯 무계획적으로 즉흥적인 생활에 익숙해지고 홀로 고독과 맞서는 것은 지독히도 싫어했었던 것이 시작이었다. 나를 알지 못했다. 잘못은 알지만 어떻게 해야 할지 몰랐고 절제하지 못한 나약한 마음이 불행의 씨앗을 키웠던 것이었다. 불행은 나 같은 사람에게 분명히 다가온다. 꼭 명심해야 한다. 누구든 이 글을 통해서 돌이킬 수 없는 실수를 하지 않았으면 하고 행복으로 가는 길을 안내할 테니 또한 명심해야 할 것이다.

행복은 성적순이 아니다. 행복은 돈 많은 순위도 아니다. 행복은 무조건 건강해야 한다. 가치관이 바로 서야 한다. 매일 하는 운동은 올바른 정신과 마음의 상태를 유지할 수 있게 하며 자신감과 자존감도 단단히 뿌리 깊게 자리 잡게 할 것이다.

지금부터 자신을 다시 한번 스캔해 보라. 자신을 알아야 만이 불행을 막을 수가 있다. "너 자신을 알라", "지피지기면 백전백승" 누구나 들어보고 알고 있는 문구지만 진정 내포되어있는 깊은 뜻을 깨닫지 못할 것이다. 불행을 느껴본 자만이 행복의 달콤함을 알 것이고 행복만 느껴본 자는 불행을 생각지도 않을 것이다. 행복의 끝도 불행의 끝도 없다. 그 결정은 본인 잠재의식에 의해서 방향 설정이 될 것이다.

자신과의 약속을 절대적으로 지켜야 한다. 타인과의 약속 나와의 신뢰를 쌓아야 만이 불행이 우릴 뚫고 들어올 수가 없다. 하루의 좋은 계획을 시스템화해서 매일 같이 반복하고 한 달 1년 5년을 지속한다면 원하는 것 이상의 그 무엇인가 되어 있을 것이고 끊임없이 좋은 행운들은 자신에게로 다 모여들 것이다. 80세까지 살면 3840주라고 한다. 너무 짧은 인생이다.

짧은 삶을 고통과 괴롭힘으로 살아가서는 안 된다. 자신의 인생을 자신의 몸과 정신을 함부로 취급해서는 안 된다. 당신을 사랑하고 아끼고 소중하게 다루어 주었으면 한다. 불행의 시작은 감정이다. 누구나 자신을 망치는 것은 분노의 감정, 불안의 감정, 공포의 감정, 시기 질투의 감정, 지금 나열한 감정은 파괴의 감정이다.

부정의 감정으로 우리는 하루에도 오만 가지 생각과 스트레스와 압박을 받으며 살아가고 있다. 우리는 마음을 편안하게 가지는 법을 쉬지 않고 찾으러 다닌다. 서점에 가서 동기부여 자기계발서를 찾고, 명사들의 강의를 듣거나 유튜브 강의를 듣는다. 대부분 끊임없이 행복하고 편안한 상태를 유지하기를 매일 애를 쓰면서 살아간다.

부정의 감정은 어디서 오는지 알면 조금이라도 편해질 것이다. 우리의 뇌 안 깊숙한 곳에 편도체라는 것이 있다. 생김새는 아몬드 모양처럼 생겼다고 해서 "아미그달라"라고 한다.

부정도 습관 긍정도 습관이다. 감정의 대상을 나부터 시작하고 바라보기 때문에 절대적으로 내가 불안하고, 내가 행복해야만 하는 압박을 스스로 바라고 희망하고 있다. 나와 자아는 서로 친구인데 올바른 생각을 하고 있는지 위로와 격려, 칭찬과 조언을 아끼지 말라.

현실과 감정 사이 감정에 휩싸여 현실을 제대로 바라보지 못하는 상황을 만들지 마라.

감정은 그냥 감정일 뿐이다. 부정의 감정을 당신을 향한 칼날이 되어 돌아갈 것이다.

04 희망은 내 안에 있다

잠재의식 안에 기억의 임계점을 넘는 순간 수학공식이 튀어나오고 시험에 적용해 좋은 점수를 받을 수 있다. 영어단어를 매일 반복해서 들었는데 어느 순간 영어 소리가 들린다. 테니스를 치면서 어제보다 안정된 스윙을 느낄 때 평소와는 다르게 시작하는 하루의 심리상태가 안정적인 느낌을 받았다. 그러면 자신도 모르게 희망의 미소가 아지랑이처럼 피어오를 것이다.

외우고, 듣고, 스윙을 반복할 때 분명한 것은 어제보다도 오늘 조금씩 성장을 하고 있다는 것을 증명하는 것이다.

인간은 타고난 욕구 수면욕은 유전자를 생성, 식욕은 영양분 공급, 성욕은 존재의 지속을 위함이고 사람마다 타고난 본성은 다를 수 있다. 하지만 욕구에 따라 우리의 희망은 끊임없이 변할 것이다. 불면증으로 잠을 못 잔다면 희망을 꿈꿀 수 없을 것이다. 식욕이 없어 영양실조가 되면 꿈과 희망은 기대할 수 없다. 인간이 살아가는 데 가장 큰 행복 사랑일 것이다. 성욕은 우리 인간을 존재하게 할 수 있는 가장 신비하고 고귀한 욕구다. 이렇게 우리 인간은 원초적 본능으로 살아가게끔 만들어진다.

인간은 미래에 대한 희망이 없으면 살아가기 힘들어 마음이 궁핍하고 배가 고픈 듯 공허한 상태가 될 것이고 점점 더 병들어 갈 수도 있다.

두 번째 사업을 시작하고 코로나 팬데믹으로 악전고투를 벌이고 있는 상황이다. 결제 약속한 송금 날이다. 창고 임대료는 바닥이 나고 오늘도 주인집에 전화해서 죄송하다는 말과 함께 속 깊은 곳에서 우러나오는 간절하고 애절한 마음을 담아서 조금만 더 기다려달라는 말도 수 없이 부탁드렸다. 채권자와의 전화 통화도 피가 말라 가는 듯하다.

벌써 창고를 빼라는 말씀을 여러 차례 했지만 반드시 다시 일어날 수 있으니 한 번만 더 지켜봐 주시라고 계속 애걸복걸했다. 감정을 좀 누그러뜨리고 월말까지 임대료 준비해서 송금하라고 하셨다. 자재업체도 일일이 전화를 드렸다. 기다려줘서 고맙다고 자금 준비되면 송금 드리겠다고 했다. 신경이 곤두서서 스스로 죄책감에 에너지를 다 쏟아부어 가며 사정을 했다. 기력이 다 빠져 멍했다.

아파트 월세도 두 달이 밀려 소액송금을 드리고 전화를 드렸다. 임대인도 넉넉지 않은 재정 상태라 송금하기를 손꼽아 기다리고 있는 상황이지만 이제는 저의 사정을 다 아신다. 1년을 넘게 월세를 정상적으로 보내주지 못하다 보니 주인집 사장님도 힘드실 텐데 이제는 흥분을 하시지 않고 다그치거나 조금이라도 감정을 넣어 말씀하지 않으신다. 오히려 저의 사정을 다 알고 있고 지금의 상황을 반드시 이겨내리라는 확신과 믿을 주시는 말씀과 저를 위해 기도를 매일 하고 있다고 말씀하셨다.

나에게도 간절하게 하나님께 기도하고 구하시라고 어린아이의 마음과 같이 편견 의심을 버리고 종교를 떠나서 창조하신 하나님에 대해서 성경의 시편 잠언을 꼭 한번 들어보고 알아보시라고 말씀하셨다.

진작부터 말씀을 전해줄 수 있었지만 이제야 구체적으로 기도하고 구하라는 말씀을 하시는 게 늦은 건 아닐 거라고 이 모든 것이 때가 되었기에 전하게 된 것이고 이렇게 사업이 힘든 것도 하늘에서 성공을 할 수 있는 때와 과정을 지금 주신 것일 거라 말했다. 반드시 구체적인 기도의 말을 하면서 하느님을 만날 수 있도록 간절하게 매일 하라고 했다. 종교를 떠나서 지금 나에게 필요한 것이라고 교회를 방문하는 것이 중요한 것이 아니라고 본인의 영혼을 믿고 기도함이 중요하다고 말했다.

지금 나는 월세도 못 내고 주인집 사장님께 매월 말이 되면 신경을 쓰게 하고 화병을 유발하는 상황인데 그럼에도 불구하고 나의 건강 사업번 창을 기도해주시는 마음에 너무나 감동을 받았고 통화중에 울컥했다. 나를 위한 기도도 중요하지만 어려운 사람이 있다면 기도 꼭 해주라고 하셨다. 하나님의 큰 뜻은 복음을 전파하라는 것이라고 하셨다.

나는 오늘 내 안의 깊은 곳에서 희망을 보았고 매일 같이 기도를 통해 희망을 더욱더 두텁게 쌓아 내 주변에 좋은 관계든 원수 같은 관계든, 미운 관계든 앞으로 새롭게 만날 관계든 기쁨을 나누고 행복한 삶을 살아갈 수 있도록 기도할 것이다.

나는 오늘 지금 또 한걸음 성장해 가고 있다. 나를 믿고 세상을 깨달아 간다는 것은 건강하고 윤택한 삶을 살아갈 수 있는 희망이 될 것이다.

지난 몇 개월간 저는 쾌락과 유혹에 관해서는 절대 절제하고 씀씀이도 절대 절제 좋거나 나쁜 감정도 적절히 절제 생각은 깊이 있게 행동은 부지런하게 결과는 침착하게 기다리는 습관을 들이고 있다.

요즘 느끼는 나의 마음은 재무 상태는 어려우나 감정 상태는 행복하고 편안한 기분의 상태를 만끽하고 생활하고 있다. 왜 그런지 생각해보았다. 글쓰기, 메모, 책 읽기, 단어와 어휘에 관심 가지기, 호기심과 몰입을 하게 되니 정보를 알아가고 지식을 축적해가는 느낌이 들어서인지 나의 텅 빈 영혼 속을 꽉 채워가는 든든함을 느껴서일 것이다.

절제는 쾌락보다 더 큰 감동을 줄 것이다. 절제는 무엇 하나는 포기를 해야만 하는 고통이 따르는 일이다. 쾌락을 갈구할 때 흥분이 엄습해올 때 감정일 뿐이라고 넘길 때 쾌락의 실체는 사라진다. 마치 대기의 공기처럼 바람처럼 지나가 버린다. 미소를 짓고 한마디를 뱉더라도 긍정적으로 말하고 자신에 대해서 원망을 하거나 지난 일에 대해 후회를 말고 자아에게 잘한다고 항상 칭찬해 주어라. 움직이는 순간마다 사고하는 순간마다 희망이 샘솟을 것이다.

지금 나에게 처한 상황은 온전히 나의 모습이다. 어떤 상황이라도 이것은 나의 인생의 길이다. 인생은 쓸쓸하지만 이겨내기 위해서 희망을 가진다. 희망을 가지면 모든 상황이 그럴 수 있다 하고 인정할 수 있을 것이다.

희망이 생기면 세상의 모든 일들을 함에 있어 자신감이 충만하고 걸음걸이도 당당하고 말에 힘이 느껴지고 남자답게 과감하게 때론 편안하고 여유로운 카리스마로 사람들을 대하게 될 것이다. 희망이 없다는 것은 포기를 한다는 것이다. 절대 좌절은 용납하지 않는다.

희망은 우리가 살기 위해서 숨 쉴 수 있는 공기라고 생각하고 이렇게 **말해라.** 나는 지금 희망을 마신다. 너무나 맑고 깨끗한 희망이 혈액을 타고 온 전신을 돌아 지금 나는 희망이 되었다. 오늘 하루 종일 희망으로 넘칠 것이다. 한 치 앞도 보이지 않는 안개 속을 지나고 나니, 끝이 보

이지 않는 터널 속을 지나고 가시밭길이 나오고, 비바람이 몰아치는 태
풍이 와도 아무도 당신을 의식하지 않을 것이다.

05 도전은 당신의 천성이다

지금 이 순간에도 제가 움직일 수 있는 에너지는 부지런한 유전자 덕
분이다. "부전자" 부지런한 유전자는 누구나 가지고 태어날 것이다. 천성
이라고 한다. 다만 부전자를 어떻게 끄집어내느냐는 여러분들의 몫이다.
귀찮고 힘들 수는 있다.

부자들의 덕목이 근면, 성실, 절약, 건강 사람들은 다 알고 있다고 말
한다. 대부분 귀찮아하거나 지금 당장 안 해도 작심은 하나 삼일을 버티
지 못한다. 뜻을 알고 행하면 결과는 좋은 쪽으로 흘러간다. 지속적으로
반복해야 하고 숨 쉬는 것과 같이 호흡해야 한다.

부자는 강력하다. 가난한 사람은 약하다. 세렝게티 아프리카 밀림의 세계는 에누리가 없다. 생존을 위해 먹고 먹히는 것이다. 우리 인간도 생명체이기에 먹고 먹히는 먹이사슬 안에 살고 있다는 것을 지금부터라도 알아야 한다.

부자는 강력한 에너지를 항상 저장하고 있다. 원하는 것이 생겼을 때 과감하게 쏟아 낸다는 것이다. 평소에 운동과 절약 근면 성실이 곧 에너지이다. 지금 내가 에너지를 모으고 있는 것인가 힘들고 짜증 나는 일들을 잘 버티면서 이겨내고 있는가를 분명히 스스로에게 물어보아야 한다.

부자는 에너지를 만들고 가난한 사람은 게으름을 만든다. 게으름도 에너지이다. 나쁜 에너지. 시간이 지나면 강력한 부정의 에너지로 더 이상 바꿀 수 없는 지경까지 갈 수도 있다. 그러면 정신병이 되는 것이다. 먹고 자는 동물 1차원적인 생명으로 생을 마감하고 싶은가? 물질적인 부보다 정신적인 가난함이 더 위험할 수 있다. 부와 가난에 대한 고민을 해본 적이 있을 거다. "부정과 비교" 나를 바라보는 시선과 타인을 바라보는 시선이 잘못되어 있다. 관점의 다양화 백화점에 들러 마음에 드는 슈트를 골라서 드레스 룸에서 옷을 갈아입고 거울 앞에서는 슬쩍 보면서 좋은데 하고 그걸로 결정을 하거나 친구가 그것 별론데 하면 바로 옷을 벗어버린다. 옷 하나 신발 하나 식자재를 고를 때도 겉보기에 맘에 든다고 해서 덥석 빨리 결정하지 않았으면 한다. 다양하게 꼼꼼히 제품의 정보를 체크해야 한다. 바로 이거다. 대충 보는 사람은 게으르고 귀찮은 사람이다. 좋은 식자재를 고를 수 없고 신상품을 득템할 수도 없을 수 있다.

건강한 부자는 얼굴에는 윤기가 흐르고 밝고 깔끔한 모습은 매사에 쉽게 지나치지 않고 신중하게 보고 결정하는 습관이 배어 있다. 가난과 부자는 태어나면서부터 정해진 것은 절대적으로 아니다. 생각이 가난한 자는 서서히 물들어 갈 것이고 자신을 믿고 올바른 생각과 행동으로 정진하는 사람은 어느새 좋은 환경에서 화목한 생활을 하고 있을 것이다.

중학교 2학년 새벽 5시 기상 자전거를 타고 신문배급소로 출발한다. 새벽에 신문 배송할 물량은 150부. 그 당시는 신문은 정보의 척도였고 보통 사람들은 먹고살기 바빠서 신문 따위에는 별 관심 없고 읽지도 않았다. 신문배급소에 도착하면 광고지를 신문 사이에 끼워 넣고서야 배달을 시작할 수 있다. 사실 신문안에 모든 것이 있었는데 미처 몰랐었다. 자전거 뒷좌석 양쪽으로 바구니를 달고 신문을 차곡차곡 정리하고 출발한다.

여름에는 신문 돌리기가 좋다. 새벽의 공기를 맡으면서 움직이면 기분도 좋아진다. 아침시간 1시간 반이며 충분히 배달을 완료할 수 있었다. 겨울이 되면 손, 발, 귀, 코끝 끝이란 끝은 시리다. 겨울 새벽 동트기 전이라 자전거 라이트로는 앞을 환하게 비출 수는 없었다.

좁은 골목 사거리 바닥에 얼음이 얼어 있는 것을 미처 발견하지 못해 바로 미끄러져 벽이나 전봇대에 부딪치곤 했다. 개조심 안내판이 있는 집은 조심해야 한다. 신문을 잘못 던져 넣어 개가 물어뜯으면 혼쭐이 난다. 그런 집은 자전거를 세워놓고 개가 물지 못하게 안전한 곳에 놓아둔다. 150부를 한 시간 안에 돌릴 수 있는 것은 스피드뿐이다. 자전거를 타고 가는 중에 신문 한 부를 오른손으로 뒷좌석에서 뽑아서 한번 무릎에 탁치면 4분의 1로 접힌다. 그 타임에 목표 지점을 주시하고 최대한 안전하고 정확하게 던진다.

신문 돌리기도 처음에 50부로 시작했고 다른 사람에 비해 배송 스피드가 빠르다 보니 배급소 소장님은 저에게 배포 부수를 점점 늘려 주었고 또한 월말이 되면 수금하러 나가야 했다. 그 당시 전표를 끊고 현금을 받았다. 돈 받기 가장 힘든 곳은 '개 조심' 간판이 있는 집이다. 들어가질 못한다. '개 조심' 간판이 있는 집은 보통 일반 개가 아니다. 세파트, 불독 어릴 때는 아니 지금도 위협을 느끼는 견종들이다. 어쨌든 목적은 수금이다. 받아내는 방법은 있다. 개를 계속 짖게 만들면 된다. 그러면 주인이 알아서 나와서 결제해주었다. 수금 안 되면 급여에서 차감했다. 그래서 반드시 수금도 정확하게 빠짐없이 해야만 했다.

어릴 적부터 남의 집 대문 두드리는 일은 어렵지 않았다. 새로운 사람을 만나는 것도 두렵지 않고 기대와 호기심으로 항상 먼저 다가갔다. 성인이 되어 직장 생활할 때도 새로운 업체방문을 하거나 새로운 모임을 할 때도 느낌이 오면 주저하지 않고 활동했다. 항상 기대되고 호기심도 넘치지만 긴장감과 두려움은 나의 몫이었다.

긴장감과 두려움을 좋은 감정으로 변화시키려고 노력했었고, 새로운 좋은 감정은 반드시 생긴다는 것을 알았기 때문에 시도하고 노력했었다.

오는 사람 환영하고 찾아가는 곳은 호기심에 즐겁게 간다. 사람을 만나는 것은 도전하는 것과 같다. 만남은 기대도 있지만 두려움이 내면에 깔려 있을 것이다. 부끄러워 얼굴이 홍당무가 될 수 있고, 말은 버벅대서 무슨 말을 하고 있는지도 모르고 두 번 다시는 이런 상황을 만들지 말아야지 하고 마음먹고 도망가는 순간 도전은 끝이다.

도전의 목표는 기쁨과 행복이다. 행복을 홍당무 얼굴이 된 1분, 바보처럼 어눌한 말투로 기회를 없애버리지는 마라. 그 1분이 여러분의 평생의 삶을 결정하는 스위치가 될 것이다. 쌓이면 두꺼워진다. 얇은 종이도, 회초리도 모이면 강력한 힘을 발휘한다는 것은 누구나 알고 있을 것이다.

도전은 1분의 시간을 도망가지 않고 견딜 수 있는 침묵의 시간이다. 진정으로 인생의 황금 동굴을 찾고자 한다면 운동도, 독서도, 사람도, 배우고, 익히고, 만나고 대화하는 모든 것에 답답해도, 힘들어도, 쪽팔려도 1분의 침묵을 수없이 반복해야 한다. 두려움은 도전이란 굳은살로 가려져 실체를 볼 수 없고 맞서 싸우는 힘은 점점 더 강해질 것이다. 도전도 학습이다. 타고날 수도 있지만 대부분의 능력은 학습과 끊임없는 노력으로 도전의 유전자를 매일 만들어 낼 수 있다. 매일 학습하고 배우면 도전이란 친구를 항상 함께할 수 있을 것이다.

부정은 인간을 뇌 활동을 멈추게도 하지만 반작용한다면 엄청난 능력을 발휘할 수 있게 만든다. 인간은 욕망을 품고 살아가는 생명체이다. 인간이 기본은 청개구리 심보다. 하라면 하지 않고 하지 말라면 하는 심리를 가지고 태어났다.

부정과 부정은 강한 긍정이 되고 긍정과 긍정은 초긍정이 된다. 감정을 잘 컨트롤하는 사람은 즐겁고 하루하루가 신나고 행복해하며 살 것이다. 부정을 긍정으로 만들어 갈 수 있는 사람은 위대한 사람이다. 보통 사람은 부정에 휩싸여 헤어 나오지 못하게 되고 물들게 되고 점점 피폐해져 간다. 부정의 현상도 긍정의 현상도 쉽게 이루어지질 않는다. 우리가 알아야 할 것은 매일같이 계속 그것만을 생각해야만 그렇게 된다는 것이다.

"가랑비에 옷 젖는다"는 말이 있다. 인간은 하루에도 오만가지 이상을 생각하고 그중에 80%는 일어나지 않을 부정을 생각한다는 것이다. 스트레스를 달고 산다. 지금부터는 좋은 일이 일어날 것들에 대해서만 생각하는 훈련을 해보면 어떨까? 아주 사소한 일들도 괜찮다. 아침에 일어나 물 500ml를 거뜬히 마시고 나니 혈관을 따라온 몸으로 퍼져나가는 느낌에 아! 나는 살아 있다는 감정을 느껴라. 이 물이 나의 생명수구나 "생수님 감사합니다."라고 내뱉으면 기분이 좋아질 것이다. '감사합니다.'라는 말의 힘이다. 아무것도 아닐 수도 있지만 모든 것에 생명을 부여해서 감사하고 즐거움을 만들어가는 연습을 한다면 어느새 말투나 행동 마인드가 나의 뇌 속에 자리 잡아갈 것이다.

생각은 허상이다. 허상을 형상으로 만드는 것은 오직 당신뿐이라는 것을 깨달아야 할 것이다. 지금 당장 감사하라. 나중이라는 말은 시간이 지체될수록 그 힘은 점점 사라질 것이고 스스로의 발전에 아무 쓸모도 없을 것이다. 우리가 원하는 황금 동굴의 답을 찾고자 한다면 귀찮고 힘들고 지저분한 일도 말없이 해 나가야 한다.

상상과 끌어당김의 힘이 약해진다면 우리가 가지고 있는 주파수와 진동 역시 약해지거나 소멸될 수 있으니 항상 맑고 깨끗한 정신 상태와 운동을 통한 근육으로 똘똘 뭉쳐진 육체를 유지해야 한다.

우리의 몸은 원자와 보이지 않는 전자로 이루어져 있고 끊임없이 진동하고 주파수를 만든다. 글을 쓰고 있는 지금도 생각을 진동으로 뇌의 신호를 통해 손가락까지 전달하는 것이다. 이것만 보아도 나의 생각을 문자로 구현할 수 있다는 것이다.

생각은 현실이 된다는 것을 절대적으로 인지하고 세뇌시켜야 한다.

06 모세혈관 같은 인연

우리는 어머니의 배 속에서 10달간 인연을 맺고 세상을 보고 들을 수
있는 눈과 귀, 숨 쉴 수 있는 폐, 걸어 다닐 수 있는 다리를 갖추고 태어
났다. 부모님이 주신 고귀한 인연은 바로 우리에게 생명을 주신 것이다.
'세상에 하나뿐인 유일한 나의 부모님 감사합니다.' 아름다운 인연은 고
귀한 인연을 만나는 것이 시작이다.

세상 밖을 차고 나온 이상 여러분은 인연을 맺기 위한 출발을 한 것이
다. 먼저 태어난 형제자매를 만날 것이고, 조부모, 일가친척을 눈으로 스

캔하면서 인연을 맺어나가게 된다. 집 밖을 나서는 순간부터 또 다른 세계를 만나 인연을 만들어가게 된다. 인연은 나로부터 시작되는 것이다. 나의 육신이 움직이는 곳마다 인연을 맺을 수 있는 상황이 만들어진다. 일로 만남 친구로 만남 연인으로 만남 동호회 모임으로써 만남 우리는 인연을 만들 권리를 타고 태어났다.

또한 원하든 원치 않든 인연과 악연은 우리에게 흘러들어 올 거다. 인연을 맺을 수는 있지만 쉽게 끊어낼 수는 없다. 그 인연이 악연일 경우 하루하루 괴로워하고 힘들어질 경우가 생긴다. 좋은 인연을 만났을 경우 삶의 꽃이 활짝 피듯 세상 모든 것이 아름답게 보이고, 행복해지는 생활을 만끽하고 살 것이다.

우리의 인연은 좋고 나쁨을 떠나서 여러분들 스스로가 선택할 수 있는 권리가 있다는 것에 중점을 두어야 할 것이고 거기에 따른 책임은 우리의 몫이다. 세속에서 살아간다는 것은 더불어 살아가야 하고 얽히고설킬 수밖에 없다는 것을 알고 있지만 예측하기란 어려운 것이다. 다만 받아들이고 빠른 판단과 결정으로 끊어낼 것은 하루속히 제거해야 한다는 것이다.

한 번뿐인 고귀한 인생을 스트레스와 고민거리로 살지 말자. 많은 인연이 나의 주위에 있고 앞으로도 생길 것이지만 그 인연은 나 스스로가 잡을 수도 있고 버릴 수도 있으니 그 또한 결정의 순간은 약해 빠진 나의 감정에서 갈등하게 될 것이다.

그럴 때 과감히 벗어던지기 바란다. 나의 몸과 생각과 인생은 나의 것이다. 내가 주인이다. 어떤 결정도 내가 결정하면 된다는 것을 깨달아 가야 한다.

서울 생활 3년 차 사회에서 만난 형이랑 룸메이트를 하게 되었다. 다세대 반지층이다. 회사에서도 너무 가까웠고 방이 두 개라 생활하기도 불편하지 않았다. 동생이 부산으로 내려가게 되어 내가 들어가 살게 되었다. 술을 좋아하고 사람을 좋아하고 운동을 좋아하다 보니 금세 친하게되고 자주 만나게 되어 함께 살 수 있게 되었다. 얼마 되지 않아 지하 방을 탈출 홍대 오피스텔로 이사를 하게 되었다.

이제는 비 오면 물이 찰 걱정, 빛이 잘 들어오지 않아 쿰쿰한 곰팡이 냄새, 지하 방의 불편했던 추억을 벗어나 깨끗하고 편리한 오피스텔로 이사를 하니 너무나 좋았다. 홍대입구라 약속할 때도 문화생활을 할 때도 생활하는 모든 면에서 좋은 시스템을 갖추고 있었기에 불편한 것이라고는 하나도 없이 생활했었다.

술을 좋아하고 사람을 좋아하는 둘이 만났기 때문에 거의 매일 술이었다. 많이도 먹었지만 매일 반주를 하면서 기분 좋은 상황만을 느끼고 기대하고 살았다.

잘 노는 사람은 일도 잘한다는 말이 있다. 함께 살던 형은 얼마 되지 않아 직장을 그만두고 사업을 시작하게 되었다. 사업이 하루하루 잘되어 가는 모습을 보니 기분이 좋았고 나에게 동기부여가 되었다. 사업도 잘 되고 모든 것이 편하고 잘 풀리다 보니 형님은 제어가 되지 않았다. 술이 술을 먹고 몸을 가누질 못하고, 폭력적으로 변하고 주위 사람들에게 불편을 주고 그때는 독불장군 저리 가라였다.

같이 생활하다 보니 항상 술자리를 같이하거나 나중에 합류해서 끝까지 둘만 남는 경우가 대부분이었다. 그는 고집스럽고 불통에다가 안하무인 독불장군이었다. 술을 좋아하고 사람을 좋아하고 의리가 있다는 것 나와 같은 동질감에 술과 향락에 정신과 육체를 병들게 했었다. 올바른 가치관을 가지고 살아가는 사람이다. 지금도 연락하고 지내고 있다.

우리는 태어나서 죽을 때까지 배우면서 살아갈 것이고 실망과 실패를 통해서 스스로 깨우침을 얻을 것이다. 인연이라는 것은 어쩌면 나의 잠재력에 의해서 무의식적으로 나와 같은 사람을 찾아가는 것이다.

무언가를 알아간다는 것은 좋은 사람을 만나는 것뿐만 아니라 좋은 책을 만날 때, 쇼핑몰에서 좋은 옷을 찾았을 때, 맛있는 음식을 먹었을 때, 이사를 왔는데 너무나 안락함을 느꼈을 때, 모든 것은 나의 기분과 감정 상태에 의해서 연줄처럼 이어진다는 것이다.

인간의 혈관을 일자로 펴면 모세혈관의 길이는 지구 두 바퀴 반, 10만

km라고 한다. 모세혈관은 우리의 몸 구석구석 연결이 안 된 곳이 없다. 조금만 긁혀도 피를 볼 수가 있다. 사람의 인연은 모세혈관처럼 아주 가늘고 길게 복잡하게 만들어지는 것이다. 하지만 질서와 정렬된 시스템으로 이루어져 있다. 악연이 생기면 가끔 긁혀서 피가 나지만 금세 지혈이 되고 회복하고 정상적인 시스템으로 돌아온다.

여자 남자 직원 사업파트너, 식당 사장님, 협력 업체, 카센터 사장님, 철물점 사장님, 편의점 사장님 공원에서 조깅 하면서 스쳐 지나가는 사람들 나는 오늘도 집을 나서면서 인연을 만들어 간다. 좋은 인연이란 한눈에 알아볼 수 없다. 경험을 해야만 알 수 있다. 좋다가도 나빠지는 것이 인연인지라 좋고 나쁜 것은 내가 어떻게 느끼느냐에 따라 달라질 수 있다. 객관적으로 나쁜 인연은 빨리 끊어내라. 나를 병들게 하고 불행한 인생을 살아갈 가능성을 크게 만든다.

좋은 생각은 좋은 인연을 만들어 갈 것이고 꼬이는 인연은 부정적인 생각에서부터 시작될 수 있다. 항상 밝고 깨끗하게 웃는 얼굴로 사람을 만난다면 좋은 인연을 끌어당길 수 있을 것이다. 초록은 동색, 끼리끼리, 이심전심 서로 마음이 통하면 즐겁고 기분 좋은 일들이 생기고 새로운 것을 만들기도 한다. 나와 같은 색을 찾으려면 나부터 변화된 모습을 갖추고 있어야 한다. 어떤 생각과 어떤 행동을 하느냐에 따라 달려 있으니 지금부터 좋은 인연을 만나기를 원한다면 다른 곳에서 찾지 말고 내 안에 있는 자아에서부터 찾아보아라. 살아생전에 좋은 인연을 만나 행복하게 산다는 것은 너무나 감사할 일이다.

고귀한 자신을 최고의 인연이라 생각하시고 사랑하며 믿음이라는 에너지를 매 순간 아낌없이 나눠주어야 한다. 잠들기 전에 오늘 나와 인연을 맺은 사람들과 모든 것에 감사의 말을 전하고 내일 맺고 싶은 좋은 인연들에게 미리 따뜻한 말로 인사를 한다면 아침이 되면 한결 가벼운 마음으로 시작할 수 있을 것이다.

07   내 방식대로 당당하라

경상도 시골에서 태어나 초등학교, 중학교, 고등학교, 대학교, 군대, 아르바이트, 방문 판매, 과일 노점, 상경, 대리운전, 미국, 다시 서울, 1 직장 생활, 2 직장 생활, 3 직장 생활, 4 사업, 5 사업.

나는 강했다 어릴 적 건강하고 깡다구도 있었고 인내심도 많았다. 다만 자존심을 거스를 때면 거침없이 싸웠다. 또 운동신경이 좋아 태권도, 격투기, 우슈, 유도를 배웠다. 사실 싸울 일이 없었다. 누가 간섭을 하고 시비 거는 경우는 거의 없었고 선배들과 운동을 같이 하다 보니 서로 알고 지냈었고 나 또한 예의에 벗어나지 않는 범위에서는 무슨 일이든 갈

등 없이 그냥 했고, 친구들이 뭐 하자고 하면 주저 없이 하는 예스맨, 내가 하고 싶은 일이 있으면 무조건 하는 노빠구 스타일이었다.

홍콩 액션 스타 성룡을 상당히 좋아했고 어릴 적에는 잠깐 액션배우가 되는 꿈도 꿨었다. 닉네임으로 재키찬을 쓰곤 했다. 같이 운동하는 친구랑 액션 콘티도 짜서 합도 맞추고 그 당시 중학교 2학년 때는 너무나 재미있는 날들의 연속이었다. 요즘도 가슴으로는 액션영화에 대한 꿈은 항상 가지고 있다.

한국 액션영화를 볼 때면 조금 더 모험적이고 스릴 있고 생동감 있고 현실적인 액션 잔인하고 자극적인 부분은 지양하면서 웃음과 코미디로 성룡이 그런 영화를 만들었다. 대역 없이 목숨을 담보로 실감나게 했기 때문에 오랫동안 세계적인 스타로 남아 있을 수 있었을 것이다.

아날로그 액션의 감각이 필요한 요즘은 판타지에 많이 집중되어 있고 또한 인간 내면의 본능인 선악을 자극하는 주제들로 필터 없이 많이 나온다. 거기에 열광하고 희열을 느끼고 있지는 않은가. 과학기술과 온라인 시스템이 급속히 발전한 비대면 시대는 인간의 내면에 있는 모든 것을 끄집어내고 현실로 만들어 버리는 시대이다. 생각만 하면 현실로 만들어주는 시스템도 즐비하고 하고 있다. 홀로그램 가상공간의 게임을 즐기고 그것에 위안 삼고 당장엔 기쁨을 줄지는 모르지만 감성이 없기에 점점 말라가는 자신의 영혼을 바라볼 수도 있다.

인간은 말과 행동 접촉을 통해 감정을 주고받으며 살아가는 사회적동물이다. 따뜻한 감성으로 서로가 손을 내밀어 서로에게 손을 잡아 줄 수 있는 감성의 나눔이 필요하다. 상대를 아래로 보고 비교하고 비수를 꽂는 얘기를 하고 단점을 지적하고 웃음이라는 목표 아래 부족한 자신을 팔아 국민에게 억지스럽고 자극적인 웃음을 전하는 그런 시대이다.

알리는 시대 자신을 당당하게 상품화하는 사람은 세간에 관심을 받기에 너무나도 좋은 시절이고 다양한 채널들이 많아서 여러 방면으로 경험을 할 수 있는 환경이 내 손안에 있다. 핸드폰 하나면 하고자 하는 일을 그 자리에서 다 할 수 있는 세상이다.

내 안에 있는 것을 끄집어내는 시대이다. 지금 우리 안에 잠재되어 있는 희망과 꿈 아니 아주 사소한 것들도 좋다. 바깥세상으로 목줄을 잡고 끌어내보자 그만큼 쉽게 나오지는 않을 것이다.

우리 어머니는 평생을 모태불교 무속신앙을 믿고 따르셨던 분이다. 불과 몇 개월 전 저녁 무렵 어머니로부터 전화 한 통을 받았다. 이런저런 말씀을 하시다 아주 당당하고 굳센 목소리로 "나 오늘 교회 다녀왔다."라고 말씀하셨다. 그리고 자식들 제사 지내는 거 이제는 어머니 세대에서 그만했으면 한다고 말씀하셨다.

너무나도 놀랄 일이었다. 대단하신 결정을 스스로 해냈다는 것에 찬사를 보냈다. 어머니가 정말 자랑스러웠다. 이제는 나도 어머님께서 본인의 삶을 즐겁게 생활하고 하고 싶은 일을 할 수 있도록 지켜봐 주고 응원하는 것이 내가 할 수 있는 일이라 생각했다.

요즘 교회를 다니시면서 어머님께서는 노래하고 서로서로 격려와 따뜻한 말로 인사를 하는 것이 너무나 행복하고 즐겁다는 말씀하신다. 전화 통화할 때는 힘 있는 목소리로 긍정적인 단어들을 많이 사용하신다. 변화되신 어머님 모습에 정말 감사하고 고마운 일이다.

지금부터 나는 점점 당당해질 것이다. 자신감과 용기는 누가 만들어주는 것은 아니다. 자신이 원해야만이 가질 수 있는 것이다. 매사에 무언가를 할 때 먼저 "나는 당당하다."라는 말을 할 수 있다면 이미 나는 당당한 사람이 되었기에 하고자 하는 일과 만나는 사람을 대할 때 아주 안정적이고 좋은 분위기를 만들어 낼 수 있을 것이다.

나는 요즘 흘러가는 키워드를 잡는 습관을 들이고 있다. 은연중에 생각나는 단어를 핸드폰 메모장에 키워드 폴더를 만들어 생각나는 단어를 주저 없이 기록한다.

예를 들면 "과정"이란 단어를 기록하는 순간 꼬꼬무가 되는 것이다. 결과보다는 과정을 중요시하는 삶이 필요하다. 성공을 위해 한 발 한 발 내딛는 과정이야말로 성공을 위한 벽돌을 하나하나 쌓아가는 일과 같다고 이렇게 몇 문장을 쓰게 되는 것이다.

쌓이다. 반복하다. 습관이 된다는 말은 시간을 필요로 한다. 맛있는 밥을 먹기 위해서는 불 조절과 뜸 들이기가 중요하다. 배고프다고 냅다 밥통 뚜껑을 아무 때나 열어젖히는 순간 설익거나 죽 밥이 되거나 맛있는 쌀밥을 기대할 수는 없다. 잠시만 기다리고 인내하면 맛있는 밥을 즐겁게 먹을 수 있으니 제발 시간과 인내에 투자해라.

우주의 모든 것은 양면성이 있다는 것을 알아야 한다. 모든 것에 긍정과 부정을 입력하시면 원하는 것을 현실화할 수 있다. 짜증과 화내기는 원치 않지만 자연스럽게 표현된다. 미소 짓고 웃는 것 너무 쉽다. 화내는 것에 이유가 없다. 자아의 감정 흐름일 뿐이다.

자기 자신에게 화가 나 있기 때문이다. 웃는 것도 원인이 없다. 내 안에 내가 즐겁다면 웃음이 저절로 나올 것이다. 내가 나에게 그리고 타인에게 화를 내거나 웃을 때 기본적으로 세 명이 다치거나 즐거워진다. 내가 웃으면 자아도 같이 웃는다. 내 얘기를 듣는 상대방도 웃는다. 이렇게 세 사람은 항상 같이 움직인다. 내 앞에 당사자가 없어도 웃음 주파수는 나와 같은 주파수를 찾아 이동한다는 것이다.

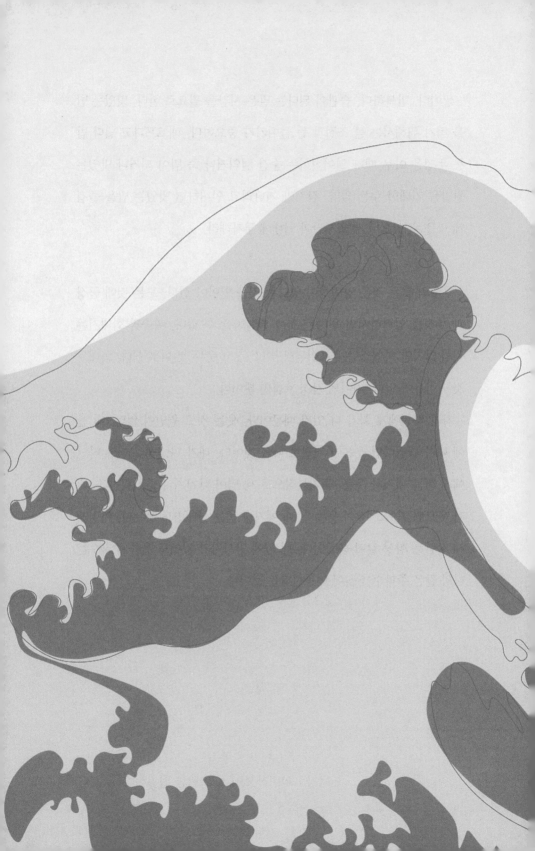

나는 지금 희망을 마신다. 너무나 맑고 깨끗한 희망이 혈액을 타고 온 전신을 돌아 지금 나는 희망이 되었다. 오늘 하루 종일 희망으로 넘칠 것이다.

UNSTOPPABLE

5장

나는
이대로의
내가 좋다

01 명상은 나를 찾는 도구다

인내하고 희생하고 바라보고 누군가를 기다린 그 한 사람이 바로 나다. 매일 같이 나는 누군가 무엇인가를 기다려 왔다. 건강, 돈, 사랑, 사람과 기회, 성공, 자연의 이치와 법칙. 우리는 제대로 된 삶, 진정한 삶, 행복한 삶을 위해서 노력하고 기다리고 있다. 지금 돈이 필요한 사람은 그 돈이라는 한 사람만 눈에 불을 켜고 기다릴 것이다.

건강이 필요한 사람은 어서 침대를 벗어나 밖의 맑은 공기를 숨 쉬고 싶어 건강이란 한 사람만을 기다릴 것이다. 사랑을 원하는 사람은 기대와 설렘 집착과 구속으로 이루어진 그 사랑이라는 한 사람만을 기다릴 것이다. 필요 불충분 모든 것을 만족스럽게 다 가질 수 있다면 좋으련만 매사에 불충분하다는 것을 알고 있다.

만족의 그릇을 좀 작게 한다면 만족할 수 있을까? 그렇지 않다. 필요 불충분은 필요하지만 충분할 수 없다는 이치이다. 모든 것은 자연과 우주의 법칙 안에 존재한다. 지금 나에게는 여름이 필요하나 때가 되지 않아 여름을 가질 수 없다. 막상 여름을 가진다고 가정했을 때 겨울이 또 필요하게 될 것이다.

이것이 우주의 법칙이고 그 안에 아주 미묘한 생명체인 인간이 존재한다는 것이다. 인간은 만물의 영장이라 창조하고 또 창조하고 그 안에 번뇌를 만들어 스스로 짐을 만들고 다시 자연으로 돌아가는 것이야말로 인간은 자연 안에 존재한다는 것이다.

기다림의 미학, 기다림의 가치를 깨닫는다면 성공을 쟁취할 수 있을 것이다. 조금 더 나은 삶은 원한다면 지식을 쌓고 실행하면 조금 더 빨리 얻어낼 수 있을 것이다. 여름이 필요하면 동남아 여행을 가면 된다. 겨울이 필요하면 북극을 찾아가면 된다. 먼저 필요하다는 것을 잠재의식에 각인시키고 반복적으로 생각하는 습관과 말과 함께 쓰기로 표현한다면 기다림의 시간을 조금 더 앞당길 수 있을 것이고 목적 달성을 여유롭게 할 수 있을 것이다.

사랑하는 사람들은 첫 만남을 할 때는 마음을 볼 수 없다. 말 그대로 첫 만남은 상대방의 외모를 볼 수밖에 없다. 성급한 사랑을 금사빠라고 한다.

금방 사랑에 빠지는 스타일 특히 남자들은 금사빠가 대부분이다. 그때부터 눈에는 콩깍지가 끼고 사리 분별을 할 수가 없게 된다. 연인이 되기까지 혼신의 힘을 다해 꽃을 선물하고 예쁜 카페와 맛집을 찾아가고 손을 잡고 정신과 신체적인 교감을 나누게 되면 드디어 사랑의 호르몬 옥시토신이 분비가 될 것이다.

기다리고 기다렸던 사랑은 얼마 지나지 않아 소멸시효가 발생한다. 우리 인간의 감정은 호르몬의 영향이 상당히 크다 3개월, 6개월이 지나면 외모만 보고 사랑을 쟁취한 경우 권태기와 지루함을 서서히 느끼게 된다. 단맛을 보면 더욱더 강력한 단맛을 찾아가게 된다는 것이다. 사랑의 부작용 단 것에 대한 중독을 끊을 수가 없게 되면 계속 꽃을 찾아다니게 되는 것이다.

서로가 익숙해지면 함부로 하고 약속을 지키지 않고 일방적인 행동과 말을 하게 된다. 더 이상의 호르몬 분비가 되지 않는다면 콩깍지는 벗겨지게 될 것이고, 그제야 정신을 차리고 서로에 대한 불평과 신뢰를 깨어버리게 된다. 둘이서 하나가 된다는 것은 너무나도 어려운 일이다. 참고 또 참고 인내해야 잘 살 수 있는 것이다.

조물주가 인간의 몸을 그렇게 만들어 버린 것이다. 현명하고 지혜롭다면 마음을 담아서 사랑을 유지해 나갈 수 있을 것이다. 자기주장이 강하다는 것은 지혜롭지 못한 것이다.

상대방을 이해할 수 없다는 것은 현명하지 못하다. 단면적으로 얘기하는 경향이 있을 수 있다. 하지만 사랑의 일방통행은 좋은 결과를 만들어낼 수 없다. 인간의 감정은 우주 세계보다 더 광범위하고 수많은 입자로 이루어져 있다. 정형화된 감정을 환경과 교육을 통해서 학습할 수 있지만, 무의식의 감정 입자는 컨트롤이 쉽지 않다. 무의식을 의식적으로 변화시키는 훈련을 함으로써 심각해지는 것은 막을 수가 있을 것이다.

사랑의 병 상사병은 인간의 감정으로 생기는 것이다. 정상적이고 건강한 사람이라는 것이다. 사랑 감정은 호르몬에서부터 우리의 시각을 통해 후두엽이 인식을 하는 순간 오직 그 사람만이 보이고 나의 뇌 속에 천사만 보이는 황홀한 영상이 매일 상영이 될 것이다.

용기 내어 고백을 하느냐, 한 번에 거절당하고 될 때까지 프로포즈를 하느냐. 하는 끈기와 인내는 타고나는 것이라고 한다. 나는 타고난 것이 아니라는 것을 실감하고 있다. 거절당할 것 같고 다음에 얘기해야지 하고 미루고, 부끄러워 어떻게 해야 할지 모르는 상황에서 마음을 다잡고 다시 한번 용기 내어 고백을 해보자. 여러 차례 거절을 당했다면 이 순간

마지막이라고 간절하게 바라고 시도하면 반드시 이루어질 것이다.

핑계만 대고 이유 만들고 탓을 한다면 할 수 있는 것이 없다. 그리고 구름에 가려진 내일의 밝은 빛을 절대 볼 수 없을 것이다.

사랑을 할 때는 목숨을 걸고 한다. 하물며 성공을 원하고 큰 부를 얻고자 하면서 목숨을 걸지 않는 것은 이상한 상황이 아닐 수 없다. 하지만 사랑을 쟁취하기 위해서 목숨까지 바칠 각오가 된 사람이라면 성공할 가능성이 충만하다고 할 수 있다.

목표를 정하고 계획을 구체적으로 만들고 선택과 집중을 하고 매일 같이 반복적으로 시스템화를 시켜라. 그리고 정상궤도로 가고 있는지 매 순간 체크하고 보완한다면 성공의 성문을 반드시 열고 들어갈 것이다.

누가, 언제, 어디서, 무엇을, 어떻게, 왜, 육하원칙이다. 성공을 위해서는 분석을 필수적으로 해야 한다. 선택과 집중을 위해서 매번 적용을 시켜 보고 체화시킬 수 있다면 어느 순간에 초고속으로 예측하고 통찰하는 힘이 만들어질 것이다. 믿음만이 시작을 할 수 있다.

시작했다면 목표설정을 하고 몰입의 시간을 가지자. 그리고 명상해라. 아무런 잡생각 없이 목표만 바라보고 호흡이 안정되고 편안함을 느끼고 시간이 지나면 알 수 없는 기운이 밀려올 것이다. 잠재력에 목표가 각인이 된다는 느낌을 받을 것이다.

　나는 매일 같이 3분 정도 명상을 하고 조금씩 시간을 늘려가고 있다. 명상의 정석은 없다. 스스로 호흡을 편하게 할 수 있으면 된다. 자세는 어떤 자세든지 괜찮다. 잠에서 깨어 침대에 누워서도 좋고 일어나 앉아도 좋다. 식탁이나 소파에 앉아도 좋다. 3분이다. 하루의 목표를 설정하고 그것만 생각한다.

　인간의 잠재력과 무의식이 현실 세계로 노출하는 방법은 명상을 통한 현실과의 만남이다. 꼭 아침이 아니어도 괜찮다. 점심 식사 후 편히 앉을 수 있는 곳이라면 저녁을 먹고도 괜찮다. 하루 중 자투리 시간을 내어 명상하는 것도 좋은 방법이다.

　명상은 특별한 것이 아니고 특별난 것이다. 나의 뇌를 잠시 쉬게 하고 무한한 에너지를 만드는 마음의 휴식 시간이라고 보면 좋은 것이다. 보이지 않는 마음이지만 우리는 매일 같이 느끼고 있다. 즐거운 마음, 괴로운 마음, 기대하는 마음, 사랑하는 마음, 행복한 마음… 보이지 않는 것을 우리는 위로하고 함께 나누며 살고 있다. 마음을 담아 물질로 변형시키면 그 또한 마음이다. 선물은 마음을 표현한 것이다. 보이지 않는 마음을 우리 눈에 보이는 꽃과 목걸이 등 선물로 보이게 된 것이다.

　보이지 않는다고 함부로 하지 마라! 귀하게 여기고 소중히 다루는 마음을 가져야 한다. 성공은 보이지 않는 것을 믿을 수 있는 마음으로부터 시작해야 한다.

  내가 기다리는 오직 한 사람 그것은 바로 행복을 쟁취한 "나 자신"이다.

02 감정은 감정일 뿐이다

　동물은 심장과 감정을 가지고 있는 생명체이다. 흥분상태가 되면 심장 박동수는 빨라진다. 먹이를 발견했을 때 사랑을 발견했을 때 새로운 일을 시작할 때 회사면접을 볼 때 자격증이나 운동 종목은 상관없다. 대회를 앞둔 순간 태어날 아기를 기다리는 감동의 순간 두렵거나 행복할 때 감정 발생의 시작이다.

　심장 박동이 급격히 올라가는 흥분된 상태를 만든다. 좋거나 나쁘거나 행복하거나 불행하거나 그 순간 그 자리에 있는 것만으로 심장은 하염없이 요동치고 있고, 얼굴에는 긴장이 된 상태가 보이고 있다. 떨지 않는 사람을 강심장이라고 한다.

적당한 긴장과 두려움은 감각을 더 세분하기 때문에 지금 하고자 하는 것에 좋은 결과를 만들어 낼 것이다. 긴장을 한다는 것은 호흡과 혈액순환 근육의 수축과 이완에 큰 영향력을 끼치므로 스피드와 유연성이 떨어지고 좋은 결과를 만들 수 없다.

잠들기 전 책을 펴고 어느 쪽 상관없이 아니 눈이 가는 목차가 있다면 더욱 좋을 것이다. 펼치고 서너 문장을 읽고 문장 안에 단어를 유심히 보아라. 잠시 생각해 본다. 단어의 뜻이 뭘까? 찾아보자. 유심히 보면 단어 또한 조각들의 완성체이다. 모음, 자음 지금처럼 이렇게 된다. 단어를 가지고 연속적으로 파고드는 상황이 생기고 근원을 찾아가게 된다. 누구나 할 수 있다. 글자와 책 읽기에 흥미를 가지기 위한 방법이다.

그럴 수도 있다. 재미도 없는 것을 왜 하냐고 할 수 있다. 맞다. 재미없다. 귀찮고 책을 보는 것조차 시도를 하지 않는다.

이제부터 잘 들으셔야 한다. 생각, 진동, 주파수, 파동, 생각이 언어로 목소리가 진동으로 첫 번째 나의 귀를 통하고 그런 다음 나와 같은 생각 그러니까 나와 같은 주파수를 가지고 있는 사람에게 전달되고 내가 그 주파수를 끌어들이는 것이다. 요즘 들어 감정이라는 것에 대하여 많이 생각하고 있다. 감정은 흔히 사람에게만 있다고 믿을 수 있지만 수천

억대 자산가들이 말씀하시길 돈에 인격이 있다. 살아서 움직인다는 말이다.

자아에게도 못된 감정을 타인에게도 못된 감정을 사랑하다 헤어진 사람에게도 집착하는 감정을 나와 관련된 모든 사람과의 감정들 업무에 쓰는 도구들에 대한 나쁜 감정을 떨쳐버리려고 노력하고 있다.

감정을 알아갈 수 있는 책을 알게 되었다. 리사펠드먼 배럿의 『감정은 어떻게 만들어지는가』라는 책이다. 예전에 목동 교보문고를 방문했을 때 관심이 가는 제목이었다. 아마도 그때도 감정에 관한 무의식에 대해 궁금증이 있었나 보다. 많이 두꺼운 책이다. 제목이 마음에 들어 책을 집었지만 한 번에 읽기란 쉽지 않다. 금세 질릴 수 있다. 그래서 목차를 펼치고 마음이 가는 페이지를 넘겨보거나 그냥 아무 페이지를 펴서 보곤 했다. 어느 날, 나는 고민과 걱정에 스트레스가 어마어마한 날이 있었다. 이 책을 그냥 펴서 보았다. 몇 쪽에 있는지는 모르겠지만 이런 문구에 뭔가 팍 저의 뇌리를 때린 것이다. "감정은 감정일 뿐이다."

아주 단순한 문장이다. 잠깐 다른 곳을 보고 다른 주제를 얘기하고 다른 일에 집중하면 감정은 사라진다는 것이다. 하루에도 오만가지 생각과 같은 일에 대해서 나쁜 감정소비를 계속한다는 것이다. 감정소비를 한다는 것은 우리의 몸의 에너지를 소비한다는 것이다. 무리한 감정소비는 몸을 약하게 또는 이상 반응으로 심하면 만성질병을 스스로 만들 수 있다는 것을 알아야 한다.

"끌어당김의 법칙" 다들 들어 보셨을 것이다. 내가 고민하던 감정에 대해 고민하던 차에 마침 유튜브에서 뇌 과학 전문 박문호 박사님께서 이 책을 설명하고 계시는 것이었다.

누구라도 같은 책을 볼 수는 있지만 사실 전문 서적에다 두껍고 요즘 흥미가 좀 생긴 책이었는데 내 생각의 주파수와 일치하게 되어 만나게 된 것이다. 아침에 일어났을 때 어제와 다른 나로 탄생한 느낌이라고 할까. 끌어당김은 내가 당기면 올 것이고 또한 끌려갈 수도 있다.

세상 만물은 생명력을 가지고 있다. 그 생명체는 서로가 서로에게 에너지를 만들어주고 빼앗기도 하고 그렇게 이익을 주고 해를 가하면서 살고 죽고 변화고 끊임없이 순환한다는 것이다. 인간은 끊임없이 의식의 흐름을 창조하고 있다. 우주를 정복하려 하는 인간의 생각이 얼마나 대단한 것인가 생각하면 반드시 이루어진다는 말 이루어지지 않는 것은 타이밍과 노력이 부족한 것이다. 쉬울 수도 어려울 수도 있는 것이 내가 원하는 삶이다. 이미 현실로 보여준 정답은 있으나 과정을 배우려 하지 않고 한방에 짧은 시간에 얻어내려고 한다. 급하게 먹으면 체한다. 천천히 꼭꼭 씹어 먹어야 한다.

단번에 이루어질 수 있는 일은 없다. 시간을 투자하고 꾸준히 흔들리지 않는 마음으로 정진해야만 내가 바라는 것에 도달할 수 있을 것이다.

깨달음을 얻은 자는 성공이라는 열매를 먹을 수 있을 것이고 과거에 사로잡히고 사람을 원망하고 갈대처럼 바람에 이리저리 흔들리기만 하는 사람은 성공하겠다는 말을 하지마라. 성공 버스를 타느냐 마느냐는 오직 자신만이 선택할 수 있다.

지금 당장 아무 책이나 펼쳐라. 자기계발서도 좋다. 책 읽는 방법은 정도가 없다. 처음에 책이랑 친해져야 한다. 급한 마음으로 이 책을 오늘 다 봐야 한다는 생각은 하지도 마라. 책에 흥미가 생기면 점점 더 많은 양의 책을 보게 될 것이다. 그런 다음 자연스럽게 속독, 정독하게 될 것이다.

책은 우리에게 정보와 지식을 주는 것이고 나아가 나의 욕망을 성취하게끔 도와줄 수 있는 자아실현의 도구이다. 밥을 많이 먹는 것보다는 영양분 위주로 소식을 해도 충분히 건강한 몸과 마음을 유지할 수 있다는 것을 알아야 한다.

지금부터 당장 책을 읽고 쓰고 책에서 배운 대로 실행에 옮겨라. 하루하루 달라지는 자신의 모습을 볼 것이다. 혼자가 어렵다면 누구든 좋으니 함께 책을 볼 수 있는 사람이 있다면 찾아보시는 것도 좋다. 같은 공간의 공기를 느껴보시는 것도 좋은 영향을 줄 것이다. 책을 좋아하는 친구가 있다면 그냥 책 얘기를 하시면서 공감대를 만들어 보라.

용기는 내가 만드는 것이다. 누구도 용기를 나에게 만들어주지는 않는다. 동기부여가 될 뿐 모든 것은 내가 스스로 만들어야 한다는 것을 반드시 깨달아야 한다는 것이 가장 중요하다.

"너의 인생은 오직 당신만이 만들 수 있는 것이다."

당장 주변을 돌아보고 나와 함께 운동과 독서를 같이 할 수 있는 친구가 있다면 함께 해라.

"주저하는 자는 주저앉을 것이고, 행동하는 자는 반드시 행운을 잡을 것이다."

용기 내기가 쉽지는 않을 것이다. 용기라는 단어를 머리에 띄우고 단어만 생각하시고 그런 다음 입 밖으로 뱉어라. 그 단어만 말하고 입에 짝 달라붙으면 이제는 용기라는 단어에다가 살을 붙여나가자. 이렇게 "나는 용기 있는 사람이다.", "나는 어떤 상황에서도 용기가 샘솟는다." 등등….

용기 있는 사람은 심장이 뛰는 사람이다. 먹고 자고 싸고 하는 것이 사는 것은 아니다. 행복을 느끼고 윤택하고 건강한 몸과 마음을 가지고 더 붙어 즐겁게 살아야 하는 것이야말로 진정 사는 것이다. 용기는 있는 사람은 무엇이든 해낼 수 있다. 원하는 것을 얻고자 한다면 용기를 가지고 실행을 반드시 해야 한다.

03 지금의 기분 상태가 나의 하루다

아는 것과 깨달음은 하늘과 땅 차이다. 전자는 모두의 것이고 후자는 나의 것이 되는 거다.

운동을 하면 건강에 좋다는 것은 누구나 알고 있을 거다. 운동하는 방법도 정보도 엄청나게 넘쳐난다. 주 2-3회 규칙적으로 조깅을 해야 한다. 조금씩 호흡이 좋아져 계단을 오를 때 호흡이 덜 가쁘다는 것을 느끼게 될 것이다. 이럴 때 스스로 깨닫게 되는 것이다. 알고 있는 정보를 실행함으로 몸소 느끼고 발전하고 있는 자신을 바라보게 된다.

나는 지금껏 살아오면서 3번의 죽을 고비를 넘겼다. 물에서, 불에서, 교통사고로 죽을 뻔 한 상황에서 나는 살아남았다. 털끝 하나도 다치거나 부러지지 않았고 아무 탈 없이 멀쩡하게 생명줄을 잡고 버티고 있었던 것이었다. 삶과 죽음의 경계선을 넘어 한 발만 더 나아갔다면 지금 이렇게 온전히 글을 쓰며 세상을 살아가고 있지 않을 수 있다. 항상 감사한다. 고맙게 살아가고 있다.

지난날 술을 좋아했던 나는 새벽까지 술을 먹고 출근해 운전을 하고 거래처를 방문해서 물건을 픽업하고 사무실 복귀 후 포장 작업을 하고 저녁이 되면 동료들과 술과 음주 가무로 같은 생활을 반복했다. 그날은 새벽까지 술을 먹고 잠이 부족한 상태에서 운전했고 경인고속도로 톨게이트를 지나 부평IC 출구로 방향을 틀고 아마도 운행 속도가 60-80km 정도 됐을 거다. 순식간에 꽝 하는 소리와 함께 나는 그 충격에 핸들 위로 앞 유리에 머리를 부딪쳤고 선글라스는 휘어져 머리 위에 얹혀 있었다.

차에서 내려 앞차 상태를 보았는데 뒤 범퍼와 트렁크가 심하게 우그러지고 파손되어 있었다. 먼저 상대 운전자에게 정중히 사과를 드리고 운전자 상태를 확인한 후 사고 수습에 들어갔다. 부평IC 빠지는 곳은 오르막길로 우측으로 살짝 휘어지는 길이다. 합류되는 지점은 왕복 6차선 그 당시 정차해 있던 앞차를 추돌하지 않았다면 나는 6차선을 가로질러 경인고속도로 아래도 떨어졌을 것이다. 아마도 죽지 않았으면 불구자가 되었을지도 모른다. 한순간의 졸음운전이 세상을 다시는 보지 못할 뻔했고 30대의 나이로 세상을 등질 뻔했다.

반평생에 가까운 나이가 되어 지난날을 회상해보니 이제야 깨달음을 가질 수 있는 지혜와 겸손함을 나에게 주신 것이다.

경험은 깨달음을 준다. 경험하지 않고 자신 탓, 남 탓해서는 깨달음을 느낄 수 없다. 경험 하지 않고 깨닫는 방법은 책을 보고 선인들의 지혜와 경험 말 한마디라도 믿고 삶에 적용을 해야 한다.

믿음이 바탕이 되지 않는 삶은 반쪽 인생, 균형 잡힌 삶을 살아갈 수 없다는 것을 명심해야 한다. 합리적인 가설과 경험을 이용한 통찰력을 장착할 수 있도록 편안한 마음을 항상 유지할 수 있으면 좋을 것이다.

평범하고 내 멋대로 살았지만 세 번의 죽을 고비와 사업 실패 사람의 실패 사랑의 실패를 겪고 생명을 유지하고 제2의 삶을 다시 그리고 계획할 수 있는 나의 모습에 경이로움을 표현하고 하루하루 소소한 모든 것들로부터 배우려 노력하고 거기에 경험을 보태고 또한 독서와 글쓰기를 할 수 있다는 것이 내 삶을 다시 한번 깨우칠 수 있게 해주었다.

사람의 속은 알기 어려워 "열 길 물속은 알아도 한 길 사람 속은 모른다"고 했다. 인간의 세계는 수많은 희노애락으로 얽히고설켜 무질서할 거 같다. 혼란스럽지 않고 질서와 정렬로 얽히지 않게 한 치의 오차 없이 잘 흘러가고 있다는 것이 우주 안에 우리 세상은 너무나 경이롭고 파란만장한 일들로 가득하다는 것이다. 새로운 도전을 해보고 싶고 창조해보고 싶은 생각이 넘쳐난다.

이제는 무인 자동차 AI 사람을 대신하는 무인 자동화 시스템이 모든 분야에 도입되고 그 길을 만들어 가고 있는 시대다. 이것은 인간의 본능을 구현한 것이다. 운동을 할 때 비서처럼 바디컨디션을 컨트롤 하고 몸의 상태를 파악 후 혈당 호르몬 열량 체크 후 캡슐 하나로 영양분을 공급하고 호르몬도 자동화 시스템으로 만들 수 있다.

마치 주유소에서 주유하는 자동차처럼 에너지를 공급받을 수 있을 것이다. 하지만 고도의 과학기술도 인간의 감성을 따라 올 수는 없다. 디지털의 세계가 아닌 아날로그 세계를 반드시 다시 필요로 할 것이다. 기성세대가 사라지면 아날로그도 사라질 것인가. 모든 것을 대체할 수 있는 인간은 지속적인 진화로 더욱더 상상의 일들을 만들고 적용해서 나아갈 것이다.

편리함은 좋으나 인간은 감성의 동물이다 보니 디지털과 친해지면 기계적인 인간에 가까워진다. 인간미라고 하나 없는 모든 것이 데이터를 수치화하고 정확하게 일치가 되어야 한다. 감성을 잃어가는 디지털 인간이 되어가고 있다. 디지털에 익숙하지 않는 부류와 그것을 거부하는 부류 디지털을 만들고 조정하는 것은 인간이기 때문에 더욱더 인간의 감성적인 부분에 심혈을 기울여야 할 것이다.

생각이 감정을 만들고 감정이 기분을 만들고 기분의 상태에 따라 하루의 일이 잘되고 일 년을 아니 남은 인생을 어떻게 잘 살 수 있을지 판가름할 수 있다.

감정 하나가 잘 나가는 사업을 한순간에 절벽으로 내몰 수 있다. 내가 조금만 침착하고 참고 기다릴 수 있는 감정 컨트롤을 할 수 있다면 주차 시비로 살인도 막을 수 있고, 사소한 것에 자존심을 너무 세우다 사랑하는 사람과 헤어질 수 있다. 이 모든 것은 감정을 가진 사람의 소행이다. 감정을 잘 다루는 사람만이 평화롭고 안정된 인생을 살아갈 수 있을 것이다.

보이지 않는 감정을 대하는 방법은 어떤 상태인지 알 수 없지만 결과를 보면 그제야 알 수가 있다. 언성을 높이고 붉으락푸르락한 얼굴 표정, 밝은 미소와 호탕한 웃음소리 후에 펼쳐지는 결과는 확연히 달라진다.

어릴 적 교과목 중에 감정이란 무엇인가? 어떻게 하면 잘 이해하고 친하게 지낼 수 있는지 교양 과목을 만들어 교육한다면 앞으로 살아갈 소중한 젊은 인재들의 감성은 더욱 건강하고 튼튼한 마음 근력을 가지고 살아갈 수 있을 것이다.

인간 내면에 숨겨진 부끄럽고 감추고 싶은 부분을 끄집어내고 표현하는 것을 어린 시절부터 학습하는 것이 필요하다. 성교육, 감정의 교육, 사랑의 교육, 경제 교육 등 타고난 본능은 가르치지 않아도 스스로 할 수는 있다. 하지만 올바른 교육은 올바른 가치관을 만들고 인간에 대한 존중과 함께 더불어 살아갈 수 있는 건강한 사회를 만들어 줄 것이다.

인간의 몸과 정신을 알아가고 보이지 않는 감정과 잠재력을 믿고 올바르게 쓸 수 있는 방법을 알아간다면 여러분들의 인생관, 세계관은 경이롭고 깨달음의 삶을 영위할 수 있는 행운을 가질 것이다.

사람은 두 부류가 있다. '보이는 것만 믿는 사람과 보이지 않는 것을 믿는 사람'이다.

보이는 것을 믿는 사람은 평범할 것이고, 보이지 않는 것을 믿는 사람은 비범한 사람일 것이다. 평범함은 안정적이고 비범함은 고난과 역경이 함께 한다. 평범함은 작게 성공하고 비범함의 성공은 무한대이다. 평범함은 끌려갈 것이고 비범함은 끌고 갈 것이다.

인생의 주인이 되고 노예가 되는 것은 내 생각에서 시작될 것이다.

물려받은 돈이 많거나 학벌이 좋다면 성공하는 데 도움이 된다. 흙수저 변변찮은 학벌에 빽도 없다면 죽어라 노동을 해야만 성공을 할까 말까 한다.

역발상을 해야 한다. 생각은 내 마음대로 할 수 있는 것이다. 무일푼이지만 생각 부자는 될 수 있다. 생각이 부자인 사람은 마음에 여유를 가질 수 있고, 생각 부자는 무한한 잠재력을 자산으로 가질 수 있고, 생각 부자는 용기와 도전으로 가득 차 있고, 모든 것을 포용하고 관대하게 받아들일 수 있는 아량과 덕을 장착하고 있다.

인간은 스스로 해부하고 연구하고 개발하고 창조하는 경이로운 생명체임이 분명하다. 여러분 사람은 누구나 할 수 있다. 다만 아무나 할 수는 없다. 생각이 바뀐다면 자아를 존중할 것이고 사랑하며 항상 감사하는 마음으로 하루하루 깨달음을 이어 나갈 수 있을 것이다. 지금 당장 경이로운 당신의 마음을 둘러본다면 자신의 운명을 결정할 수 있는 마스터 키를 찾아낼 수 있을 것이다.

04 행동의 위력은 변화와 획득

생각은 바람과 같다. 잠시만 한눈팔면 날아가 버린다. "망각" 인간의 잊어버리는 능력이 없었다면 모든 사람이 생각에 둘러싸여 미치거나 계속 행복하거나 그렇게 되었을 것이다. 브레이크 없는 페달은 영원히 멈추지 않는다. 연료가 바닥나든가 장애물에 부딪혀야만 정지를 할 수 있다. 다행히 제어를 할 수 있는 능력도 인간의 몸 안에 있다는 것이다.

일을 벌려 놓고 수습을 하지 않는 사람, 앞만 보고 달려가는 사람, 공격적인 사람은 뒤를 돌아볼 겨를이 없을뿐더러 절대 보지 않는다. 마치

경주마처럼 목적지에 1등으로 달려가야 한다. 승부욕 압박감으로 몸과 정신에 똘똘 뭉친 상태로 말이다. 인생은 100미터 달리기가 아니다. 준비되지 않은 나의 몸 상태로 내 안의 밑바닥에 있는 에너지까지 끄집어 내어 폭발적으로 사용해서는 긴 인생을 순조롭게 여유롭게 달려 나갈 수 없다.

하지만 강력한 근육과 산소통 같은 심장을 준비한다면 폭발적으로 그리고 장시간 지치지 않고 달려 나갈 수 있을 것이다.

인간의 몸은 흡입과 배설을 해야 한다. 세끼를 먹고 에너지를 만들어 혈액을 통해 뇌와 근육 온몸으로 배급해주어야 한다. 그런 다음 영양분 흡수가 다 된 찌꺼기나 독성물질은 땀과 대소변으로 배설을 하게 된다. 건강의 기본은 잘 먹고 잘 배설하는 것이다.

기본에 충실하면 어떤 상황이 와도 잘 이겨 내고 금세 회복을 잘 할 수 있다. 선인들은 인간의 본성을 깨우는 종족본능 이동 생활에서 정착 생활의 기반으로 질서를 바로잡고 의사소통을 원활하게 하기 위한 수단으로 언어와 글을 만들었다. 정의를 내리고 모든 상황별, 형태별 구분을 짓고 문명을 만들어 초고속으로 발전할 수 있는 근간을 만들었다. 위대한 선조들이 우리와 같은 인간이라는 것이다.

인간의 상상력 추진력 실행력 창조력 회복력은 어떻게 생기는 걸까?

확실한 것은 그보다 더 많은 능력을 가지고 있다. 부정할 수 없는 명확한 사실이다. 다만 자신이 자아를 믿지 않고 망설이고 스스로 괴롭히고 안 될 거라는 부정적인 생각을 한다면 매일 같이 창조공장에서 걱정과 근심과 두려움을 생산해 낼 것이다. 그럼 목적지 도달이 늦어지게 된다. 빙빙 주변만 돌아다니고 수박 겉핥기로 바라보고만 있는 것이다.

부정이든 긍정이든 분명한 것은 같은 공장에서 생산된다는 것이다. 이제부터는 밝고 즐거운 재료배합을 해서 웃음과 미소를 생산하는 공장으로 탈바꿈해야 한다. 인간은 같은 능력을 가진 사람이다. 하나씩 해나가면 된다. 하루에 엄청난 양의 행복을 추구하려 하지 마라. 한 번만 미소를 지을 수 있는 것만으로도 성공한 것이다.

정리정돈을 하는 습관을 예를 들어보자. 한 번에 큰 방을 다 정리한다고 생각하는 순간 '귀찮아 내일 하지 뭐.' 하면서 미루게 된다. 그러지 말고 눈에 보이는 것 하나만 반듯하게 흐트러짐 없이 제자리에 정렬해라. 나는 청소 시작 전에 비뚤어진 책을 한쪽으로 정렬하는 것부터 하고 시작한다. 변화를 준 것이다. 아주 미묘한 느낌이 그 책과 주변이 깔끔해 보이는 상황이 아주 미세하게 시각화된다.

지금부터 좋은 느낌 받을 준비를 해라. 앞뒤 창문을 열고 비뚤어진 것 바로 세우고 널브러진 물건 제자리에 정돈 정리 청소기 돌리기 정리 정돈이란 변화를 주는 것이다. 변화는 자신의 정신을 활성화시켜 주는 스위치 역할을 한다. 나 자신이 정신적으로 극복해야지 하는 마음은 너무나 긍정적이다. 하지만 생각보다는 행동의 위력을 맛보시면 정신은 자연스럽게 따라온다는 것이다.

글을 쓰기 위해서 손가락을 움직이고 건강을 위해 조깅하고 테니스를 친다는 것은 변화를 주는 것이다. 이런 행위는 정신적으로 많은 변화를 얘기하고 있다. 매일 하는 것이라고 해서 어제와 같은 말과 어제와 같은 행동을 할 수는 없다. 비슷할 거 같지만 절대적으로 똑같이 할 수 없다. 하루에도 오만가지를 생각하는 동물이다.

어디로 튈지 아무도 모른다. 가장 중요한 것은 변화를 주는 것인데 변화의 방법은 정도가 없다. 인간은 스스로 변화하고 있다. 늙어가고 있는 것이다. 세포도 감소하고 근육양도 줄어들고 이대로 내버려 두면 안 된다. 내버려 둔다는 것은 나를 외톨이로 스스로 고립시키겠다는 것이다. 개나 돼지를 사육하는 곳을 가보면 철창 안에서 움직이지 못하고 매일 스트레스와 고통으로 울부짖는 것을 보았을 것이다. 우리 스스로 철창 안으로 몰아넣지 마라.

주말 아침이면 기분이 좋다. 왜냐하면 글을 쓰고 9시쯤 조깅을 나갈 기대감에 그냥 기분이 좋고 작은 계획이 생긴 것이다. 6시에 일어나 방안을 환기시키고 침대 정리를 하고 물을 마시고 화장실에 들른 다음 작은방으로 가서 글쓰기를 시작한다.

평일에 일하는 중 수시로 메모한다. 핸드폰 메모장이나 책상 위 메모지에다 메모한 것을 토대로 글을 쓰려고 하는데 막상 글쓰기 시작을 하면 메모와는 다른 방향으로 진행되는 경우가 많다. 하지만 메모장의 메모를 읽다 보면 영감이 생기는 경우가 많다. 요즘 메모하는 습관과 메모의 양이 다른 때 보다 많아졌다.

책을 볼 때도 유튜브 영상 TV를 볼 때도 좋은 문구나 말이 나오면 그냥 적는다. 듣기는 했는데 메모하다 보면 또 금방 까먹는다. 어떨 때 바보 같다는 생각도 한다.

하지만 망각도 인간의 능력이다 보니 인정하고 기록하는 훈련을 반복하면 새로운 문구를 만들거나 비슷하게는 메모할 수 있게 된다. 조깅을 5km 하고 나면 30여 분 1시간 정도면 운동하고 샤워하고 다음 스케줄을 한다든가 휴식을 가질 수 있다. 너무나도 중요한 포인트는 운동 후의 기분 상태다.

성취감 편안함 안정감 보람됨. 이렇게 정신적으로 강해지고 근육 또한 단단해지는 것을 느끼고 심폐기능 또한 좋아진 것을 몸소 느끼고 알아간다는 것은 저에게는 너무나 행복한 시간이다. 뛰는 것이 힘들다면 한발씩 동네 한 바퀴부터 시작해보자. 걷기와 운동은 새로운 것의 영감을 주기도 하지만 아픈 마음을 말끔히 씻어주는 흐르는 물과 같은 역할을 한다.

인간은 자신의 인생을 혼자 생각하고 혼자 결정을 하고 책임 또한 자신이 감당해야 한다.

어머니 뱃속을 빌려 태어났지만 험난한 세상을 살아가는 것은 나의 숙명이다. 인생은 험난하다고만 하는 것은 옳지 않다. 인생이 행복하다고만 하는 사람도 있다.

내가 어떤 방으로 들어가느냐에 따라 불행의 삶을 살 수 있고 행복의 삶을 살 수 있다는 것은 확실하다. 누구나 자기의 생각을 자유롭게 얘기할 수 있고 행동할 수 있다. 순환과 반복의 연속성 둘레 안에서 변화와 분열은 계속 이루어지고 있다.

비밀이란 감춰져 있는 사실 또는 허위 사실일 수 있다. 철옹성처럼 성벽을 높이 쌓고 쥐새끼 한 마리도 들어오지 못하게 견고하고 튼튼하게 만들었다 해도 결국에는 그 성벽을 넘는 병사는 있다. 영원한 것은 없다. 비밀 또한 영원할 수 없는 것이다.

성벽을 넘어 비밀을 손에 넣는 사람은 누구보다도 앞으로의 삶이 곧게 활짝 트일 것이다.

비밀을 알아내고 더 이상의 의심이나 불손한 생각은 의식의 밖으로 던져 버려라. 불손한 생각은 좋은 기운을 막고 에너지를 뺏어가는 상황을 만들 것이다.

성공의 비밀을 알아 그 단어에만 집중해 보라. 그리고 몰입하라. 불안정한 주파수와 진동의 흐름은 계속 나에게 들어오고 나가고 할 것이다. 그렇기에 막을 수는 없을 것이다. 바람처럼 왔다가 살아질 수 있다. 다만 주파수대를 바꾸면 된다.

내 안의 잠재의식에 성공의 비밀 열쇠를 채워 두고 성공이라는 단어만 들어갈 수 있도록 확실한 보안장치를 해 두어야 한다. 보이지 않던 성공의 일들이 의식의 눈으로 보이기 시작할 것이다. 검문검색을 철저히 하고 순수하고 깨끗한 영혼과 생각들만 행복의 곳간 속에 저장해 두어야 한다. 나의 행복의 곡간은 오직 나만이 열고 닫을 수 있는 자물쇠를 가지고 있다는 것을 알아야 한다.

삶은 흥미로운 것이다. 이치와 원리 법칙을 하나하나 알아 갈려고 노력하는 자세, 새로운 것을 받아들일 자세, 스펀지처럼 쫙쫙 흡수할 수 있는 자세가 매우 중요하다. 쉬운 인생은 재미가 없다. 또한 쉬운 인생은 고민할 일들이 없다는 것이다. 쉬운 일들에서 행복감의 농도를 느낄 수 없다. 그리고 금방 사라질 것이다.

에스프레소는 오랫동안 내 입안을 돌며 풍미를 전해주는 묘미가 있다. 행복의 농도는 쓰고 강한 경험에서 짙은 향과 맛을 내어준다. 나의 일상이 인생이다. 한 시간 단 하루 한 달에 결정되는 것은 없다.

답은 정해져 있다. 비밀은 일상에 있다. 비밀을 일상에 장착하고 하루

한 달 1년 5년을 타이어 굴러가듯 간다면 내가 원하는 신작로를 거쳐 독일 아우토반을 달리고 있을 것이다.

인생의 완벽함은 없다. 우리가 사용하는 자도 100% 정확도를 주장할 수가 없다고 한다. 보이지 않는 오차가 있다. 인생을 완벽하게 살려고 하지 마라. 완벽을 얻으면 행복할 거라 생각 하지만 그 이면에는 불안감이 동반한다는 것을 스스로 알 것이다.

인간은 공존해야 하고 교집합을 찾아야 하고 화해와 용서는 필수다. 나무의 곧은 성격은 바람을 이길 수는 있지만 태풍 앞에선 버티다, 버티다 부러지고 말 것이다. 유연하게 살랑살랑 들에 핀 갈대는 바람을 친구 삼아 유연하고 부드러운 일상을 즐기며 살 수 있다.

보이지 않는 진실을 믿고 싶은가 그럼 판도라의 상자를 지금 열어야 한다. 기획, 계획, 일정을 만들고 실행하는 것이 보이지 않는 생각을 현실화시키는 것이다. 계획은 많은 정보와 데이터 수집과 구체적인 방법과 절차를 거쳐 내가 가려는 목적지를 돌아보자. 지금 자신이 그렇게 하고 있다면 시각화시킨 것이다. 생각을 쓰는 것조차 시각화시키는 것이고 이것 현실로 만들어 내는 것이다.

지금 당장 기록하고 쓰라 내가 움직이고 있는 모든 구역 안에 기록할 수 있는 메모지를 두어라. 창조는 어렵다. 하지만 누구나 당장에 할 수 있는 것이다. 다만 인간은 비평하고 비판하고 시비를 가리는 것은 나의 몫이다.

사실 나도 창조에 대해서 반신반의했다. 하지만 글을 쓰고 있는 지금 읽고 쓰고를 반복하고 해답을 찾아가고 길이 없다고 생각했지만, 오직 이 길만이 나의 길이라 생각하고 앞만 보고 달려왔다. 인간은 경이로운 생명체다. 하면 할수록 강해지고 단단해지고 능력은 무한대로 생성되며 보이지 않던 것에 믿음이라는 육신을 장착하니 이제는 보게 된 것이다. 종교적으로 말씀드리는 것은 아니다. 어떤 종교도 믿음은 자신으로부터 시작된다는 것을 알아야 할 것이다. 본인의 선택으로 대상을 정할 수 있다. 어머니 뱃속에서 신앙을 가질 수는 없다. 인간은 끊임없이 생각하고 배우고 깨닫고 훈육하고 창조하는 동물이다. 어떤 누구의 생각과 의견도 들어야만 한다.

좋은 평가를 받고자 하는 것도 아니고 스스로가 가지고 있는 감각의 에너지를 함께 공감하고 인생이란 참 살맛나는 거구나 라고 희망을 전해 주고 싶다.

누구의 평가도 기대 마라. 평가를 기대한다는 것은 창조가 아니다.
우리네 인생도 마찬가지 창조적인 인생을 살아가길 바란다.

05 행복은 항상 내 옆자리

    사람은 하루라도 사랑 없이 살아갈 수 없다. 나무는 물과 태양 빛없이 생명을 유지할 수 없다. 인간은 스스로 또는 타인에게 사랑을 베풀지 않고서 살아갈 수가 없다. 하물며 짐승도 자기 새끼를 끔찍이 아끼고 사랑을 주고 살아간다. 먹을 것을 잡아 입에 넣어주고 상처가 생기면 핥아주고 사랑의 마음이 없다면 할 수 없는 행동이다.

    서로가 서로에게 사랑을 나누어 주고, 먹을 것을 나누어 주고 할 때의 표정은 너무나도 행복해 보인다. 영화나 드라마를 볼 때 행복한 결말로 끝나면 행복함을 느끼고, 따스한 봄날 햇볕이 좋은 운동장에서 어린아이들의 축구하고 뛰어다니는 모습만 보아도 행복하다. 내가 직접 행동하지 않고 참여하지 않아도 제3자의 눈으로 볼 때도 행복한 느낌을 받을 수 있다.

사랑은 주고받는 것 행복을 느끼는 것은 본인의 감각영역 안에서만 가능한 것이다.

누군가 대신해서 행복을 느낄 수 없는 것이고 누군가 행복을 나에게 준다는 것을 내가 인지할 때 비로소 행복을 느낄 수 있을 것이다. 내가 인지하지 않고 있다면 내 것이 아니라는 것이다.

어릴 적 파랑새를 찾아서 떠나는 만화영화가 문득 생각이 난다. 한 소년이 긴 여정을 통해 여러 곳을 모험하면서 파랑새를 찾아다니는 내용이었는데 여행 중에 파랑새는 찾지 못하고 결국에 집으로 돌아왔다. 그런데 파랑새는 창문 넘어 나뭇가지에 앉아 있었던 것이다. 그제야 소년은 깨달았다. 밝은 미소를 지으며 행복한 얼굴로 깔깔깔 웃는 것이었다.

행복은 멀리 있는 것은 아니다. 내 발밑에 있는 것을 보지 못했을 뿐이다.

지난날 생각하면 후회스러움보다는 행복했다고 얘기하고 싶다. 지금 이 자리까지 올 수 있게 만든 여정이었으니까 지금의 상황이 좋든 좋지 않든 중요하지 않다. 현재 자신의 마음가짐이 어떤지를 물어보고 둘러보았으면 한다. 이제껏 살아오면서 감정의 표현, 말과 행동을 구사하는 방법과 활동반경을 생각해보았다. 나의 영역이 정말 좁고 낮았다는 것을 알았다. 마치 쇼생크 탈출처럼 높디높은 교도소 벽을 탈출한 느낌 꽉 막힌 변비가 3일 만에 시원하게 뚫린 속 시원한 기분.

매일 같이 하나씩 감정 표현, 말과 행동의 원천적인 의미와 방법을 깨달아 가고 실행하려는 움직임을 느낀 것에 너무나 행복하다.

운이 좋아서 잘 나갈 때는 밤이 좋았다. 음주 가무와 화려한 조명이 좋았고 빠져 살았다. 지금은 과거를 청산하고 반대로 이른 아침에 일어나 6시에서 9까지는 컨디션이 좋은 상태로 유지하고 있다. 몸과 정신이 너무 가볍고 맑고 깨끗한 잡스러운 생각은 들지 않고 새롭고 좋은 생각의 단어들이 막 떠올라오는 시간이다. 이렇게 달라질 수 있나 하고 자신에게 놀라고 있다. 이른 아침 6시에서 9시는 잠자는 무의식을 깨우는 시간이다. 나에게는 그렇다. 상대적인 것이니 사람에 따라 시간의 지정은 다를 수 있다. 일어난 직후가 가장 때 묻지 않은 순수한 영혼의 시간이다. 이 시간을 소중히 생각하고 독서와 글쓰기를 습관화 한다.

나는 일하는 것이 너무 재밌고 행복하다. 하지만 너무 오랫동안 많은 일을 하는 것은 비효율적이라고 생각한다. 예전부터 짧고 임팩트 있게 최소시간 최대효과를 추구하던 사람이었다. 지금도 마찬가지다. 내가 하는 일이 노동력비례 수익이 창출되는 일이기 때문이다. 어떻게 보면 노동이 가장 순수한 정신을 만들어주는 것이다. 열중하면 생각하는 것 외 모든 것은 살아진다. 사실 운동도 노동의 일부다. 운동도 힘이 들지만 즐거움을 느끼고 상대적으로 게임하고 서로의 힘을 겨루면서 승자 패자가 정해진 노동이다. 이김으로써의 성취감 지배하려는 동물적 본능이 발현되기 때문에 호르몬의 분비 행복을 느끼고 때론 심하면 중독될 수 있다는 것이다.

사실 회사에서 일하는 것에 대한 사고 전환이 된다면 일을 위한 노동 역시 즐거움을 가지면서할 수 있을 것이다. 현재 저는 일하는 즐거움 충분히 만끽하고 있다. 일거리가 넘쳐도 템포를 조절해 가면서 해 나갈 수 있는 전략과 계획을 미리 세운다면 밤새도록 일할 수 있는 에너지가 순환될 수 있다. 휴식과 영양공급이 규칙적으로 된다면 이것이 페이스 조절이다. 운동도 일도 가속은 금물이다. 전략을 잘 세우면 쉽게 지치지 않고 좋은 흐름을 가져올 수 있다.

최근 들어 회사에서 꼭 지키는 것이 있다. 그것은 휴식이다. 피곤하고 힘이 들 때만 휴식 시간을 가지는 것이 아니라 50분, 10분의 휴식은 스스로 챙기는 습관을 들이고 있다. 성공하신 분들은 휴가 기간 별장을 찾아 혼자만의 휴식과 사색을 위해서 절대적으로 지키고 있다는 것이다.

지금은 별장을 가질 수 없으나 일터에서 휴식에 대한 습관을 만들어가는 것이 사고 전환의 가장 필요조건일 것이다. 눈을 감거나 책을 잠깐 본다거나 하는 습관은 나의 유전자를 바꾼다고 한다. 다만 일정 기간 꾸준히 몰입해서 해야 된다.

오늘은 꽃샘추위로 영하의 날씨다. 컨테이너 수출 작업을 하는 날이다. 7시에 출근해서 식사를 못해 삼각 김밥 2개와 베지밀로 탄수화물과 단백질을 보충한 다음 수출 물품을 재확인하고 컨테이너가 입고되면 수출품을 컨테이너에 상차를 시작한다.

화학제품은 팔레트에 올린 상태로 랩을 감고, 밴딩을 치고, 흔들리지 않게 고정을 한다. 완료된 팔레트 무게는 2톤 정도 높이는 1.8미터 지게차를 아주 천천히 안전하게 운전을 해야 한다. 화학제품은 액체인 경우가 대부분이다.

그러므로 핸들 조작을 급하게 팍팍 조작하면은 제품의 상단이 흔들리게 되고 액체 상태라 제어가 힘든 상태가 될 수 있다. 그런 경우 팔레트는 마치 고목나무 넘어가듯 쓰러지게 된다. 제품의 성질은 부식성 황산, 인화성 에탄올 위험물이다 보니 주의를 요하고 검사기관의 입회하에 작업을 필요로 한다. 과거 지게차 미숙으로 제품을 쓰러뜨린 경험 드럼을 찍어서 화학제품이 폭포수처럼 콸콸콸 흘러나온 경험 피부나 다른 제품에 닿을 경우 심각한 부상과 데미지를 준다. 화학제품을 작업할 때는 지게차와 물품 그리고 저의 모든 감각은 한 몸이 되는 것이다. 마치 파트너가 된 것처럼 잘 부탁한다는 메시지를 마음속으로 보낸다. 작업 중에는 신경을 곤두세우고 온몸에 힘이 잔뜩 들어가는 상태라 작업이 끝이 나면 긴장이 풀려 안도감과 피곤함이 살짝 몰려오는 상태가 된다.

작업이 끝난 후 컨테이너 기사님과 커피 한잔을 했다. 서로가 만난다는 것, 오래간다는 것은 믿음이 없다면 절대 이루어질 수 없다. 또한 내가 호의를 베풀었을 때 상대방을 믿지 못한다면 그 호의는 받아들여지지 않을뿐더러 대화나 만남은 지속될 수 없다. 만나고 헤어짐, 내가 가지는 직업, 음식을 먹을 때, 여행을 갈 때도 나의 믿음이 없으면 실행할 수 없다고 얘기하셨다.

모든 것은 믿음으로부터 시작한다. 믿는 자만이 다른 사람들보다 앞서 원하는 것을 가질 것이다. 특히 사업하는 분들은 자금에 부딪히고, 매출에 부딪히고, 할 때도 분명히 해결할 수 있는 방법이 있다고 속으로 수없이 되새긴다. 걱정과 불안보다는 믿음에 몰입을 하게 된다.

그러다 보면 예상치 못한 매출이 발생하고 어려웠던 자금도 상호 간에 잘 협의가 되어 또 한고비를 넘길 수 있는 상황을 만들어준다. 솔직하게 계속된 압박의 상황이 되면 당장이라도 그런 상황에서 도망치고 싶은 마음이 동시 생기곤 한다. 다행인 것은 항상 신념이 불안과 걱정을 사라지게 한다. 신념으로 이겨낸 나의 멘탈은 이런 경우가 생길 때마다 점점 강해진다.

오늘 미수 업체로부터 전화를 여러 통 받았다. 월말이 다가오면 거래처에서는 자금계획을 위해서 전화를 주고 그리고 채권자 전화도 오기 시작한다. 핸드폰에 채권자들의 이름과 상호가 뜨면 여전히 심장은 쿵쾅쿵쾅, 맥박은 요동치고 불안감, 죄책감이 밀려온다.

5년을 이렇게 가슴 졸이며 살고 있다. 하지만 견디는 방법을 알고 시간이 지날수록 좋은 상황으로 변해간다는 것을 느끼고 있기에 자신이 있다. 그리고 책과 글쓰기 운동을 늘 하고 있기에 이제는 성공의 유전자가 만들어져가고 있다는 것을 알고 있으므로 지금의 나는 하루하루가 행복하다. 부채와 함께해서 나는 행복하다. 부채가 지나면 부자가 온다는 것을 나는 알고 있기 때문이다. 더욱더 나를 매질하고 나는 누구인지 무엇을 위해 살아가야 하는지를 하나씩 깨우쳐주고 있기 때문이다.

부채의 동격은 부자가 아닐까 생각한다. 부채를 청산하면 부자 되는 것은 아마도 누워서 떡 먹기가 되지 않을까? 누워서 떡 먹는 연습을 미리 하고 있다고 생각해 본다. 부채를 청산한다는 것은 나에게 주신 감사의 마음을 은혜로 베푸는 것이다.

감정은 감정일 뿐 나를 괴롭힐 수는 없다. 나쁜 감정은 나쁜 감정을 가져오고 거기에 사로잡히면 힘들어질 수 있다. 나쁜 감정이 생길 때는 머리를 흔들어 버린다. 자주 써먹고 있는 방법이다. 그래서 나는 갑자기 감정이 밀려올 때는 머리를 한 번 흔들고 시선 전환 그리고 되새김의 말을 한다. "감정은 감정일 뿐이라고" 감정의 주인은 나라고 내 명령대로 움직이는 거라고.

시행착오를 거치고 숙성을 들여 그제야 효과를 톡톡히 보고 있다. 누구나 할 수 있다. 여러분들도 할 수 있다는 것을 믿고 실행해라. 세상만사 사고 전환이 해결책이다. 새로운 것에 대한 도전과 시도. 끊임없이 수정하고 보완하고 프로는 한계가 없다. 최고를 위해 끝이 없는 길을 혼자서 가야 한다.

인생의 프로가 된다는 것은 뼈를 깎는 아픔과 혼자만의 고립과 고독이 필요할 수도 있다.

프로는 나머지 공부가 필수 불가결하다.

06 혁명이든 쿠데타든 시도하라

지금까지 나는 훌륭한 삶을 살아오지 못했다. 7살짜리 골목대장은 초등학교 입학 때 마련한 새 책가방, 새 책, 노트, 연필… 이것들을 노느라 몽땅 잃어버렸다. 받아쓰기 빵점에 맨날 나머지 공부 도시락을 자주 싸서 등교했다. 초등학교 1학년 전체 마라톤대회 6등. 공부보다는 뛰어다니는 것에 흥미를 느꼈다. 다른 학교로 전학을 가서도 3학년 때까지 나머지 공부를 했다.

4학년이 되고 나서야 나머지 공부를 탈출하게 됐다. 태권도를 배웠고 운동에 점점 흥미를 더 느꼈다. 5학년 때는 공부하는 짝꿍을 만나 성적이

향상되고 공부에 조금 흥미가 생겼었다. 6학년 때는 부반장이 됐다. 꿈도 꾸지 못한 직책이었다. 점점 인기도 많아지고 친구들이 주변에 많이 모였다. 공부도 탄력을 받았는지 점점 향상되었다. 몸가짐도 달라졌다.

중학교 1학년까지 부모님께서는 아주 좋아하셨다. 중학교 2학년 때부터는 운동하고 친구들이랑 어울리는 것에 정신 팔려 살았고 그런 상황이 너무나 즐겁고 행복했다. 고등 1학년부터 태권도 대회 나가서 입상하고 메달도 받았다. 아버지는 내가 받은 메달을 소중하게 생각하고 자랑스럽게 생각하셨다. 어쩌면 그때가 부모님께 가장 큰 기쁨을 주고 살았던 거 같았다.

지금부터는 나는 훌륭한 삶을 위해 명예로운 출발과 명예로운 죽음을 계획해보려 한다. 어떻게 하면 잘 출발해서 결승점까지 명예롭게 마무리할 수 있을까 매일 생각한다.

너무나 다행인 것은 명예로운 일을 이미 시작했다는 것이다. 그것은 글을 쓰고 있다는 것이다. 세상의 모든 지혜를 흡수할 수 있는 책이라는 친구와 너무나 가까운 사이가 되었다는 것이다.

지금 책 읽기와 글쓰기는 연애보다 좋다. 책 읽기와 글쓰기는 지루하지 않다. 끊임없이 새로운 것을 발견하게 되고 더 깊이 빠져들고 있고 너무나도 만족스러운 현재의 모습이다. 독서를 하고 메모를 하는 것. 그리고 "필력". 제가 감히 필력을 논할 실력의 소유자는 아니지만 메모와 글쓰기의 힘은 지금 앉은자리에서 세상을 단숨에 눈으로 바라볼 수 있는 힘을 내어주는 것이 읽기, 쓰기의 힘이다.

누구든 "계기"라는 친구를 잘 만나면 이제까지 느껴보지 못한 경험과 체험을 할 수 있을 거다. 자신을 구속하지 말고 오픈하고 어떤 누구를 만나더라도 오픈하고 흡수해라. 사람을 만나는 것이 두렵고 귀찮다, 혼자 있고 싶다, 충분히 혼자서도 다 할 수 있다. 책 안에 친구도 있고 세상의 모든 것을 경험할 수 있는 내용이 넘쳐난다는 것을 알게 된다면 "유레카"라고 소리칠 수 있다. 뭔가를 알아냈다는 뜻이다.

이치를 알게 되면 뇌가 확장되어 갈 것이다. 그리고 시야가 넓어지고 세상을 대하는 마음이 평온해질 것이다. 그러다 보면 스스로 세상 밖으로 뛰쳐나올 것이고 숨 쉬는 것조차 즐겁고 행복한 느낌을 받을 수 있을 것이다. 그런 다음 우리가 얼마나 소중한 존재인지 알게 된다. 누가 시키지 않아도 스스로 사랑하게 될 것이고 베풀게 될 것이고 함께 도움을 나누고자 하는 마음이 자연스럽게 만들어진다.

지난날의 행적은 나의 그릇을 키운 게 아니라 밑 빠진 독에 물을 계속 담고 있었던 것이었다. 과거의 내가 행했던 일들은 서서히 나를 거지로 만들고 있었던 것이었다.

이제야 비로소 "계기"란 친구를 만나서 진정한 나를 찾아가는 자기성

찰, 정체성에 대한 의문을 가질 수 있게 되었다. 이런 계기로 나는 지금 행복하다. 시발점, 도화선, 실마리를 알아차리는 순간 우리의 인생의 불길은 활활 타오르고, 꼬였던 일들을 아주 손쉽게 풀려 갈 것이다.

세상에는 훌륭한 사람들이 너무 많다. 우리가 그런 대열에 끼기 위해서는 스스로 나는 누구인지 의문을 갖고 수시로 대화를 구하고 미지의 나를 끊임없이 찾아가야 할 것이다. 자기와 대화를 한다는 것은 쑥스러운 일이다. 무슨 말을 물어봐야 할지 처음엔 어색하고 귀찮아 할 수 있다.

어떻게 하냐면 독서를 하다가 좋은 문구가 있다면 그럼 그것을 써먹으면 된다. 좋은 문구와 단어를 연결하면 된다. "예를 들어서 계기라는 단어를 발견했을 때 이렇게 해보라. 테니스 대회를 나갔는데 참가자 중에서 전패하고 꼴찌를 하게 되었다. 그것이 계기가 되어 다음번엔 3등을 나의 목표라고 결심했다면 이제 내가 해야 할 것은 무엇인가? 의문을 던져라. 그럼 나는 매일 같이 스텝 훈련과 기초체력에 중점을 두고 훈련을 해야겠다."라고 자신에게 답을 내어주게 된다.

소중한 자신과 대화를 나누는 것이 아주 중요한 일이며 나의 정체성을 만들어 가는 소스를 얻을 수 있을 것이다.

혁명은 목숨을 걸어야 한다. 혁명의 반대편에선 쿠데타라 한다. 쿠데타가 성공하면 혁명이 되는 것이다. 나의 뇌를 혁신하기 위해서는 완전히 다른 사람이 되어야 할 것이다. 뇌 안에 브레인스토밍이 일어나야 하고 정상적인 생각의 틀을 넘어서야 한다. 그러면 혁신을 만들 수 있을 것이다. 성공은 쉬운 것이 아니다. 또한 누구나 할 수 없고 아무나 할 수 없다. 제대로 된 자기혁신이 되지 않으면 절대 이룰 수 없는 것이다.

하지만 혁신이라는 거창한 개념은 부담과 장애물이 될 수 있다. 단어에 대한 의미 부여를 어떻게 하느냐에 큰 영향을 받을 수도 있을 것이다. 예를 들어 여행을 갈 때 무거운 여행가방 잠도 제대로 못 자도 여행에 대한 환상으로 모든 것이 즐거움으로 불평하지 않는다. 반면 직장에서 무거운 상자를 옮길 때는 짜증을 내고 스트레스를 받는다.

그래서 여행은 힘을 주는 것이고, 노동은 피로와 짜증을 주는 것이 되어 버린다. 사실 노동은 가장 고귀한 것인데 말이다.

여행은 힐링을 주지만 돈을 쓰게 만들고, 노동은 피로감을 주나 돈을 벌게 해준다. 역행적으로 의미 부여를 하자면 살아가는 데 조금은 편안하고 재미있는 삶이 되지 않을까.

07 나에게 49재를 올린다

'죄송합니다. 감사합니다.'라는 말을 수없이 많이 한 사람이다.

그래서 나는 살아 있다. 살아 있음에 감사한다. 지금 내가 서 있는 여기가 세상의 끝은 아니다. 저녁이 바뀌면 아침이다. 또 나는 살아 있다. 이제는 고민과 걱정은 집어치우고 길 가는 개나 줘버려라. 지금 서 있는 여기가 끝이 아니라 시작점이라는 것이다. 나는 다시 출발하려고 여기 서 있다.

반평생 동안 수많은 일 들이 내게로 왔다가 갔다. 좋은 일, 나쁜 일, 소소하고 쓸모없는 일 별의별 일들이 많았다. 무엇보다도 중요하게 생각되는 것은 내가 무엇을 어떻게 하면서 여기까지 와 있느냐는 것이다. 나의 발자취는 흔적으로 고스란히 남는다.

이제부터 나는 미쳐보려고 한다. 나의 한 번 뿐인 삶을 허투루 보내지 않고, 나를 기다려주고 위로와 격려를 아끼지 않은 분들, 깊은 웅덩이에 빠진 저에게 황금 동아줄을 주신 분들을 위해서 나는 살아야 한다.

앞으로 나의 행복은 타인을 웃게 만드는 것이다. 목표는 내가 아니라 나와 함께하는 사람들을 위해 헌신하고 아끼는 마음부터 시작할 것이다.

한쪽 뺨을 맞으면 다른 쪽 뺨을 내어줄 수 있는 사랑의 용기가 생겼다. 사업을 하는 사람은 재정적인 부분이 가장 힘들 수도 있다. 당연히 관리와 영업 또한 핵심이 될 수 있다. 예상치 못한 재정문제는 주고받을 것 받으면 되는데, 주기는 하나, 받지 못하는 경우, 받기는 하나, 주지 못 하는 경우, 사업이 잘되든, 못 되는 재정문제는 계속 따라온다. 잘 될 때는 돈을 우습게 생각한다. 함부로 대하고 흥청망청 지금 순간이 영원하리라만 생각하고 산다는 것이다.

사람을 대할 때 으스대고, 아래로 보고… 나의 모습이었다. 사업을 하는 대부분의 사장들은 사실 돈을 번다는 것은 쉬울 수도 있다. 운이 좋아서 하지만 그 이면에는 각고의 노력과 의지 없이는 절대 유지할 수 없는 일이다.

지금 나는 49세. 나의 삶을 이제는 보내주려고 한다. 이승에서 나와 함께했던 모든 인연을 등지고 내가 나라는 사람에게 49재를 올리려 한다. 이제야 비로소 나는 다시 태어날 것이다. 더 이상 고통스러운 눈물을 흘리고 싶지 않다. 앞으로는 기쁨의 눈물만 흘릴 것이다.

고귀한 인연으로 시작해서 글쓰기 막바지까지 왔다. 2023년 2월 7일 한 통의 전화로 시작된 글쓰기… 2023년 4월 1일 54일의 그 장정을 마치려 한다. 글을 쓴다는 것은 길이 없는 하얀 눈밭을 걸어 나의 길을 만들어가야 하는 느낌이라고 할 수 있다. 아름답고, 하얗게 쌓인 풍경은 나의 밝은 미래였다. 하지만 가야 할 길을 찾지 못하고 망설이고 있는데 그분께서 던지신 한마디 말이 용기가 되어 하얀 눈 밭 위에 저의 첫 번째 발자국을 만들게 되었다.

이렇게 말씀했다. "잘 하려고 하지 마. 그냥 너의 생각과 경험을 써 내려가면 된다." 그 한마디가 그렇게 편하고 강력한 에너지가 되었고 지금 순간을 만들게 해주었다.

이런 생각을 했다. 글쓰기라는 것은 나의 완벽한 삶이다. 갓 태어난 아기마냥 말도 못 하고 기어 다니기만 했던 내가 두 발로 걷고 근육과 생각이 더 해가면서 교육을 통해 나의 의식이 점점 확장되었다. 사회적인 동물이 되어 살아가고 있다는 것에 감사함을 표현하고 싶다. 글을 쓴다는 것은 나를 써 내려가는 것이기 때문이다. 잘못을 돌아보고 앞으로 나가야 할 방향만을 생각하게 해준다.

내 인생에 마침표는 없다. 쉼표만 있을 뿐이다. 49년에다 마침표는 찍었지만, 남은 인생의 쉼표일 뿐이다.

두렵다는 것은 성공을 하고 싶다는 말이다. 다만 두려움을 극복하려는 행동력을 보이지 않는다면 원하는 것을 1도 가질 수 없을 것이다. 하느냐, 하지 않느냐, 보여주냐, 보여주지 않느냐 이것이 문제다. 금수저, 흙수저, 학벌, 능력, 외모, 언변이 아무리 뛰어나도 해야 할 것을 하지 않는다면 현실적 결과로 보이지 않을 것이다.

젊을 때는 거침없이 사람이든 일이든 다 엮어 가면서 아등바등 살아간다. 시간이 흘러 반평생에 가까워지면 더 이상 관계를 맺지 않고, 맺을 때는 신중하게 남은 인생은 심플하게 살아가려고 한다. 관계 속에 시련과 슬픔, 불행을 맛볼 것이고, 관계 속에서 행복을 찾아가는 것은 즐거움이다. 하지만 사람으로 부터의 상처와 실망감은 더 이상 지속하고 싶어 하지 않는다.

상처 받지 않고 인생을 선택적으로 살아갈 수 있는 방법은 책이다. 책은 친구다. 나의 막역지우다. 언제나 거리낌 없이 만날 수 있고 시간에 구애 없이 항상 옆에 기다리고 있다, 그래서 책은 사람과도 같다. 좋은 책 나쁜 책 집에서 볼 수 있고 도서관 서점에 가면 수백 권이 나를 기다리고 있다. 책꽂이에서 뽑으면 친구가 된다. 다양한 입맛으로 골라서 보면 된다. 어디서 어떻게 만나느냐가 참 중요하다. 글귀 하나에 그 친구에게 빠져들고 그 친구로 인해 인생의 좌표가 바뀌고 인생의 신작로가 펼쳐진다.

책은 우리에게 상처를 주지 않는다. 오직 우리에게 본인의 영혼을 내어줄 뿐이다. 얼마나 일방적이고 고귀한 존재인가 우리 집 작은방엔 200명 친구들이 항시 대기 중이다. 앞으로도 더 많은 친구를 섭외해서 내 편으로 만드는 것이다. 나의 꿈이고 노후에는 나의 책을 환원해서 작은 도서관을 만들어 볼 생각이다. 꿈이 생기니까 할 일 생겼다. 할 일이 생겼으니 실행해야 한다. 급하지 않게 한 발 한 발씩 움직이면 된다.

우리가 다치고 문제가 야기되는 이유는 모두 급하고, 서둘러서 그런 것이다. 어릴 땐 나이 신체의 감각과 감지 반응 능력, 회복 능력이 최상이다. 급하게 움직여도 내 몸이 다 받아준다. 하지만 분명한 것은 순간의 찰나에 기다림은 다치지 않고 최상의 능력을 발휘할 수 있다는 것을 인지하면서 살아가면 좋은 일이 생길 것이다.

생각을 지배하는 것은 육체다. 건강한 육체가 형성되지 않는다면 정신은 무너지고 말 것이다. 우리 몸 신체 중에서 하체의 역할은 올바르고 건강한 삶을 약속해준다. 장딴지는 제2의 심장이다. 허벅지와 엉덩이는 우리 몸의 오장육부의 역할을 원활하게 해준다고 한다. 건강한 장딴지와 허벅지는 혈액을 힘 있게 펌프질해서 우리 몸의 손끝, 발끝까지 따뜻하게 해주고 피로와 스트레스 해소에 아주 큰 영향력을 준다는 것이다.

우리가 알아야 할 것은 건강한 육체와 건전한 정신은 나를 강하게 만들고 이웃을 직장을 나아가 강인한 국가를 만든다. 전 세계의 국가가 우리 대한민국을 두렵게 바라볼 수 있게 만드는 것은 자기 자신을 더욱더 지적으로 육체적으로 강인하게 만들어야 한다는 것이다. 유럽과 미국 선진국의 모델들은 대기시간이 많다고 한다. 대기시간 동안 하는 것은 책 보는 것이라고 한다.

유럽이나 선진국은 공원 벤치 카페테라스에서 혼자 독서 하는 상황을 많이 볼 수 있다. 우리는 무엇을 하는가? 모델뿐만 아니라 대부분의 사람들은 스마트폰의 핫뉴스, 핫플레이스 맛집, 흥미와 흥분을 감정을 극도로 올리고 내리고 하는 것에 시간을 소비하고 있다. 맑은 영혼을 파괴하고 있는 것이다.

책과 조깅과 아령을 들어야 한다. 조기교육의 시스템을 만들어줘야 하고 흥미를 가질 수 있는 프로그램과 코치들이 반드시 있어야 할 것이다.

어제는 인지심리학에 관련 책을 보았다. 인간의 심리를 기본으로 실험과 가설로 검증 과학적으로 연구하는 학문이다. 심리학에 대한 종류는 다양하다. 모든 대상에도 심리를 적용할 수 있다. 동물 심리학, 산업 심리학 어떤 대상에다 인간의 마음 상태를 불어넣으면 본질에 대한 심상을 알 수 있다. 참 재미있는 학문인 거 같다. 나라는 대상으로, 타인을 대상으로 근본적으로 본인의 심리를 관찰하고 받아들이고 대상에 대한 심리로 인한 행동의 과정, 결과를 정보화하고 집약하는 학문이라는 것에 흥미롭다.

동물은 태어나면서 눈에 보이는 모든 것은 보고 학습한다. 교육을 통해서 많은 정보를 축적하고 인지한다. 축적된 정보로 예측을 한다. 예측과 예상은 아주 중요한 능력이다. 하지만 예측을 잘못하면 불신과 불안이 항상 내 몸을 감싸게 된다.

우리가 알아야 할 중요한 것은 자신의 심리에 대한 원리와 이치를 알아가고 예측한다면 인생을 한결 즐겁게 살아갈 수 있다. 모든 동물은 예측을 통해서 행동하고 반복된 행동은 잠재의식에 각인 자율적으로 무의식적으로 상황을 대처하는 능력이 생긴다.

교통사고보다 비행기 사고에 대한 공포가 더 크다. 교통사고는 안전 불감증의 심리, 비행기 사고는 아주 처참한 사고를 유발할 거라는 예측 심리로 인해서 비행기 타기를 더 두려워한다.

사실은 사고 확률은 비행기보다 교통사고로 사망할 확률이 더 높다는 것이다.

복권 당첨에 대한 확률 실험을 해보았다. 사실 복권의 당첨 확률은 흔히들 벼락 맞을 확률이다. 알면서도 꼬리를 물고 달려든다.

예를 들어 50만 원짜리 복권 2장과 100만 원짜리 복권 1장을 나눠준다고 하면 대부분의 사람은 전자를 선택한다. 확률은 같지만 안전하고 기회를 얻어낼 수 있다는 희망이 있기 때문이다.

심리를 적용한 마케팅은 비즈니스와 접목되고 많은 사람이 무의식적으로 반응하게 만든다.

예측과 예상 희망은 인간을 움직이게 하고 또한 잘못된 판단은 낭떠러지로 밀어 넣을 수 있다. 지금 자신의 모습을 한번 돌아보라. 지금까지의 삶을 잘 예측하고 살았는지 아마 이런 표현을 할 것이다. 왜 그랬을까? 잘 살아왔네. 이정도면 양호해. 후회를 한다거나 어느 정도 만족을 하거나 별 생각이 없을 수도 있다.

앞으로 해야 할 것을 예측한다는 것은 귀찮은 일이다. 하지만 예측을 하지 않는다면 사고에 대한 무방비 상태이기 때문에 큰 문제가 발생할 수 있다. 반면 예측을 통해서 계획과 준비를 해둔다면 사고 예방의 확률을 많이 높일 수 있고 올바른 목적지를 향해 갈 수 있고, 성공의 예상이 맞아떨어지는 것이다.

지금 순간 인간의 정신과 신체, 자아라는 존재에 대한 호기심과 원리와 구성 작용과 반작용이 생기는 원인을 인간 스스로가 인지하고 알아낸다는 것에 너무나 신비롭고 경이롭고 감탄스러운 일이다. 요즘 들어 "왜"

라는 의문을 많이 하는 경향이 있다. 가만히 최근을 돌아보니 모든 것이 궁금하고 원인과 이유가 있을 거라는 심리적으로 받아들이는 마음이 대부분을 차지하고 있었던 거 같다. 그런데 지금의 상황이 재미있다. 나를 알아간다는 것이 세상을 알아간다는 것이고 너무나 고맙고 감사한 일이다.

"왜"라는 의문을 가지게 되면 반드시 성장하고 변화를 느낄 수 있을 것이다. 질문을 할 경우 주의할 점은 편향되지 않고 올바른 가치관과 중심을 잡는 것이다. 특히 자신에게 많은 질문을 하는 것이 좋다.

무엇인가를 창조한다는 것은 같은 동작, 같은 생각을 끊임없이 반복적으로 훈련하는 것에 있다. 토요일 조식 모임이 있다. 일정이 맞으면 운동 후 아침 식사, 커피 한잔을 하고 그런 다음 각자의 일상으로 돌아간다. 공원 걷기를 만보정도 걸으면서 다양한 얘기들이 많이 나온다. 비즈니스, 인간관계, 돈 문제, 가족 문제, 모든 사안들이 총망라된다. 1시간 운동, 30분 식사 30분 티타임 두 시간 동안 그동안의 일들을 풀어놓고 좋은 정보는 담아서 집으로 돌아온다.

사실 우리가 말하는 인생의 정답이라고 하는 것이 과연 답이 있는 것일까? 정답을 알면서도 의문을 갖고 하지 않으면 우리는 정답이라고 인정하지 않는다. 수학 시험의 정답지는 인정한다. 하지만 왜 그런지 답을 알아내려고 노력은 하지 않는다.

변화는 내 안의 고정관념을 비워내고 새 그릇에 새로운 것을 인정함과 호기심으로 가득 채우고 예측과 예상을 통해 실행해야 한다는 것이다.

인간을 병들에 하는 것은 주입식 교육일 수도 있다. 고립된 곳에서 오직 대상 하나만을 바라보고 따르게 된다면 돌이킬 수 없는 상황이 초래될 수 있다. 늑대인간은 어린 시절 늑대와 생활하면서 늑대인간이 되어버린 영화다. 인간 세상으로 돌아온다 해도 인간이 될 수 없고 얼마 되지 않아 숲으로 돌아가거나 죽고 마는 것이다. 언어도 할 수 없고 인간 생활도 할 수 없는 동물이 되어 버린다.

또 한 사례로 반려 기러기가 새끼일 때 어미를 잃고 방황하는 기러기를 집에 데려와 우유도 주고 벌레도 잡아준다. 새끼는 눈만 뜨면 보호자를 보게 되는 거다. 보호자의 움직임대로 쫄쫄쫄 따라다닌다. 시간이 지나 몸집이 커지고 성장하자 기러기를 자연으로 돌려보내려고 들판으로 나갔다. 등을 밀어 보내고 보호자는 돌아서 나무 뒤에 숨어서 잘 가는지 보고 있었다. 날갯짓을 하고 하늘을 날아가는 것을 보고 안도의 한숨을 쉬었는데 더 이상 날아가지 않고 무리에 흡수도 못할 뿐더러 혼자 있으면서 두리번두리번 주인을 찾는 모습이었다.

그렇게 안쓰러워 다시 데려오고 다음 날 또 시도해보고 변함없이 자연으로 돌아가지 못하는 것을 볼 수 있었다. 동물은 지금 옆에 있는 나를 가장 잘 보호해주고 기댈 수 있는 것이 무엇인가를 인지하고 자신의 삶처럼 확신을 해 버린다는 것이다. 그렇게 자연으로 돌아가지 못하고 죽음으로 끝낸다. 하지만 모든 경우가 그런 것은 아니다. 인간도 동물의 일종이다. 만물의 영장인 인간은 아주 미약하고 보잘것없는 존재일 수 있지만 이렇게 인류를 창조하고 만들어가는 경이로운 생명체임이 틀림이 없다.

세상을 살아간다는 것은 좋은 출발점에서 시작하는 사람도 있을 것이고, 문제없이 잘 달리고 있다가도 예상치 못한 일로 중도에 포기할 수도 있고, 벼랑 끝에 몰린 상황에서 발끝에 죽을힘을 다해서 버티는 사람도 있다. 이것이 인생이다.

원망마라, 예측 마라, 두려워 마라, 불안해하지 마라, 걱정마라, 쫄지 마라. 모든 것에 임할 때 접근을 잘 해야 한다. 조금의 부정도 긍정도 넣지 마라. 그냥 해라.

모든 것은 나로부터 시작해서 나에게로 다시 돌아온다는 것을 알아야 한다. 지금부터 죽기 전까지 남은 시간을 아낌없이 밑바닥까지 다 쓰고 떠나자. 선한 영향력으로 세상을 살맛나게 만들어야 할 것이다.

지금 내가 여기에 서 있는 이유는 나의 인생은 너무 흥미롭고 재미가 넘쳐나기 때문이다. 제대로 된 인생으로 다시 살아볼 만하다는 것이다. 인간과 우주는 동일하다. 인간은 한계가 없다. 우주는 무한대다. 그리고 우리의 생각은 현실로 구현된다는 것이다.

인간의 위대함을 알아야 한다. 그러므로 내가 위대하다는 것을 깨달을 필요가 있다. 생각을 행동으로 옮겼을 때 인간은 위대하다고 할 수 있다. 행동하면 1%에 살고 주저하면 99% 속에 살게 될 것이다. 책 읽고 운동하고 산책과 명상은 돈이 들지 않는다. 시간이 되면 돈으로 바뀌어 내 주머니로 들어올 것이다. 돈보다 중요한 것을 깨닫게 될 것이니, 손해 없는 장사를 지금 당장 해라.

지금 이 순간 여러분들이 하나라도 변화를 원하는 마음이 생겼다면 심장의 비트는 지금부터 서서히 빨라질 것이고 흥분과 떨림으로 나를 압도할 것이다.

지금 심장 떨리는 이 순간 "떨림은 내가 진화하고 있다는 신호다."

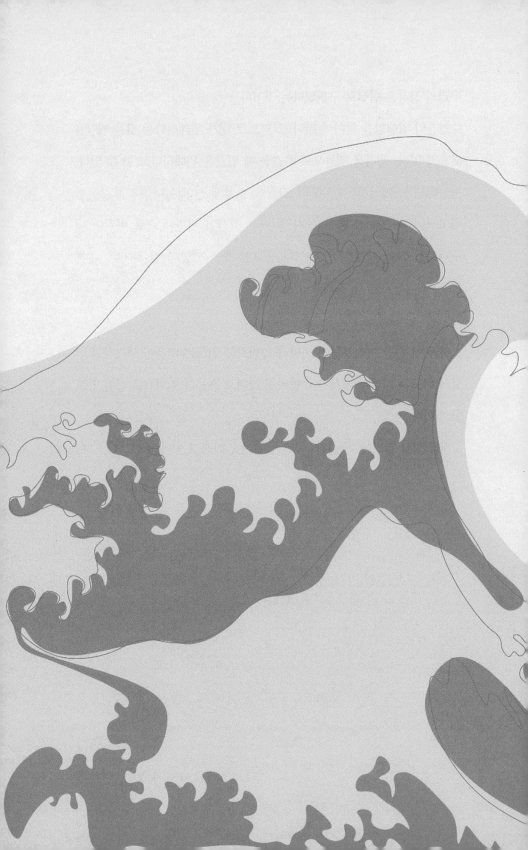

누구의 평가도 기대 마라. 평가를 기대한다는 것은 창조
가 아니다. 우리네 인생도 마찬가지 창조적인 인생을 살
아가길 바란다.

에필로그

긴 여정의 마지막까지 부족한 글을 읽어주신 독자 여러분께 감사의 말을 드린다. 나는 초등학교 받아쓰기 빵점에 나머지 공부를 대놓고 했던 어린아이였다. 이제는 50을 바라보는 나이, 시간이 너무나 빠르게 흘러갔다. 중학교 시절 A4 종이에 "나는 할 수 있다.", "나는 누구인가?"라고 써서 벽에 유리테이프로 붙이고 생활했다. 하루 벌어서 사는 없는 형편에 할부로 사주신 백과사전 유일하게 어머님이 선물해주신 것이다.

사실은 전시용이었다. 어쩌다 한번 펴보고는 책꽂이로 직행했지만 아무래도 이 책이 나에게 많은 영향력이 있지 않았나 생각해본다. 그 당시 조금만 더 관심을 가지고 보았더라면 조금 더 일찌감치 책에 흥미를 가졌을 것이다.

그냥 적어라! 말 안 되도 된다. 책과 메모지와 연필을 내가 움직이는 동선에 준비해 두고 머리에 떠오르는 것은 뭐든지 적어라. 매일 매일 당신의 뇌의 능력은 좋아질 것이고 생각하고 산다면 10배, 100배의 능력을 발휘한다는 것을 믿고 실행해야 한다. 모든 것은 믿음에서 시작된다. 마음

관리가 가장 중요한 부분이다. 내가 변하고 싶은데 외부에서 찾는다는 것은 말이 안 된다. "내가"라는 말 그대로 나의 문제고 나에게서 찾아야 한다.

스스로 말하라. 나는 지금 똑똑해지고 있다. 내일 나의 머리는 더 좋아질 것이다.

그렇다. 인간의 뇌 속에는 수없이 많은 기억이 자기네들 방을 만들어 살고 있다. 단어 하나만 선택을 잘해도 생각지도 못했던 기억이 필름처럼 장면이 떠오른다. 집중하지 않았던 일도 그냥 스쳐 지나갔던 일도 그 방안에 잠재하고 있다는 것이다.

지금 내가 글을 쓰면서 단어나 어떤 생각을 한다면 연결 고리가 형성되어 좋은 일 나쁜 일 모든 장면이 떠오른다는 것이다. 많이 보고, 많이 듣고, 도전하고, 무너지고 세상만사를 모두 흡수할 수 있도록 자신을 오픈하고 살아야 한다는 것을 여러분들이 어느 순간 느끼게 된다.

혹시라도 이 글을 보고 있다면 당장 마인드를 바꾸시라고 권하고 싶다. 내가 이 글을 쓸 줄을 어떻게 알았을까? 어떻게 여기까지 흘러왔을까? 원인 없는 결과는 없다. 동기부여, 의미 부여로 인해 흘러가고 있다. 삶의 가치관 형성의 기본이 될 수 있는 것이다. 전자는 객관적일 수 있고 후자는 주관적일 수 있다. 동기부여 무슨 일을 함에 있어 함께 더불어서 의욕을 북돋아 주는 행위, 의미 부여는 어떤 상황을 나의 주관적인 방식으로 만들고 흡수하는 행위라고 할 수 있다. 동기부여는 자신감을 얻고, 의미 부여는 자존감이 강해질 것이다. 소홀하지 마라. 함부로 하지 마라. 적극적인 인생을 살아라. 서두르지 마라. 시기와 질투를 하지 마라.

영원한 것은 없다. 물이 높은 곳에서 낮은 곳으로 흐르고 나의 처지는 물과 같다. 산은 물을 머금고 있다가 계곡을 따라 낮은 곳으로 흘러 바다로 모이고 수증기가 하늘로 올라가 다시 비를 내리고 이렇게 순환한다. 인간의 삶도 자연의 섭리도 주기적으로 순환을 하고 있다는 것을 알면 살아가는 데 많은 도움이 될 것이다. 이해는 되지만 받아들이기는 쉽지 않을 것이다. 왜냐하면 사계절은 365일의 시간이 필요하다.

인간의 마음은 오늘 당장 모든 일이 다 이루어졌으면 하는 마음이 강하기 때문이다. 기다리고 인내할 수 있는 사람이 계절의 풍요로움을 체험하고 얻을 수 있다. 씨를 뿌리고 당장에 열매를 얻으려 하는 자는 절대적으로 열매를 얻지 못할 것이고 황금오리의 배를 가르는 것과 같다. 이것이 세상과 자연과 우주의 법칙이다. 지금부터라도 한 걸음씩 딛고 페이스 조절과 기다림으로 지금 당신의 상황에 집중하고 사랑의 마음을 아끼지 마라.

뿌린 대로 거둔다는 마음으로 아끼지 말고 나눠주고, 베풀어라. 머지않아 알 수 없는 형태로 나에게 돌아올 것이다. 반드시 좋은 씨를 뿌려야 한다는 것을 명심해야 할 것이다.

쉽게 접근해라. 어려우면 쉽게 질리고 잊어버릴 수 있으니 단순한 말과 행동으로 시작해야 한다. 말로써 "안녕하세요" 행동으로써 "목례" 남녀노소 누구를 보든 먼저 인사하고 말을 전해라. 거리에 휴지가 떨어져 있다면 감사하게 생각하고 돈을 줍듯이 주워라.

탁월한 사람은 타고나는 것은 아니다. 탁월함은 지금 순간에 계획했던 것을 묵묵히 실행하는 것이 탁월한 사람이다.

수많은 조언과 가르침과 결심과 신념은 불을 지피는 도화선, 불쏘시개일 뿐이다. 활활 타오르게 만들고 큰 불기둥은 나의 멈춤 없는 움직임에 있다는 것이다. 움직임은 나의 육신을 움직이고, 나의 사고를 움직이는 것이다. 매 순간 자신의 행동과 사고를 제대로 실행하고 있는지 확인해야 한다.

너무나도 희망적인 사실은 인생은 힘든 것만은 아니다. 즐거운 일이 더 많고 행운과 불행은 누구에게나 일어나는 일이다. 절대 서두르거나 포기하지 마라! 내가 여기 서 있는 이유는 포기를 하지 않았기 때문이다.

이 글은 내 인생의 '마수걸이'로, 짧은 인생의 일부분을 함축시켜 적은 글이다. 모든 것을 다 녹여서 쓰지는 못했다. 나의 꿈은 글을 쓰는 동기부여 강연자이다. 끊임없이 나의 진화되는 모습을 글을 통해 표현해 갈 것이다.

태어나서부터 나와 조금의 인연이라도 맺은 분들에게 감사드린다. 그 인연이 곧 나의 모습과 현실이다. 책을 펴내는 과정에서 많은 도움을 주신 분들에게 감사드린다. 특히 글을 쓰게끔 동기부여를 주신 문수빈 작가님께 진심으로 감사드린다.